IL
MODO SEMPLICE
PER IMPARARE INGLESE

ELEONORA

GIUSTI

BC
BAD CREATIV3

Tutti i diritti riservati.

Copyright © 2018 di Eleonora Giusti

Nessuna parte di questo libro può essere riprodotta o trasmessa in alcuna forma o con qualsiasi mezzo, elettronico o meccanico, comprese fotocopie, registrazioni o qualsiasi sistema di archiviazione e recupero di informazioni, senza autorizzazione scritta dell'editore.

Questa edizione contiene il testo complete

dell'originale edizione rilegata.

NESSUNA PAROLA È STATA OMESSO.

IL MODO SEMPLICE PER IMPARARE L'INGLESE

Un libro BadCreative / pubblicato da

accordo con l'autore

STORIA DI PUBBLICAZIONE BADCREATIVE

The Simplest Way To Learn French published March 2016

The Simplest Way To Learn Spanish, published March 2017

PROSSIMI LAVORI

Il Modo Semplice Per Imparare L'Inglese *2, 2019*

ISBN-10: 1720807396 ISBN-13: 978-1720807391

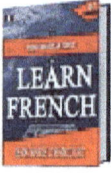
Vol. 1

Vol. 2

ALSO AVAILABLE IN

- AUDIO
- HARDCOVER
- E-BOOK

FORMATS

SOCIAL #TheSimplestWay #LearnItalia #BadCreativ3

CONTENUTO

Capitolo 1 - Nozioni di base
Capitolo 2 - Cibo
Capitolo 3 - Animali
Capitolo 4 - Possessivi
Capitolo 5 - Abbigliamento
Capitolo 6 - Domande
Capitolo 7 - Verbi
Capitolo 8 - Preposizione

Capitolo 9 - Date e ora

Capitolo 10 - Famiglia
Capitolo 11 - Colori
Capitolo 12 - Occupazione
Capitolo 13 - Misure
Capitolo 14 - Domestico
Capitolo 15 - Aggettivi
Capitolo 16 - Determinatori
Capitolo 17 - Avverbi
Capitolo 18 - Oggetti
Capitolo 19 - Luoghi
Capitolo 20 - Persone
Capitolo 21 - Numeri

Informazioni di contatto

FOREWORD

Mentre eravamo a scuola, abbiamo imparato cose che probabilmente non usiamo oggi. Tuttavia, il linguaggio è essenziale per quasi ogni aspetto della condizione umana.

Come espandi la tua attività oltre il tuo continente per maggiori vendite? Come hai intenzione di esprimere il tuo amore per quella bella signora che è appena passata? Come navighiamo nelle magnifiche strade di Londra? Con la conoscenza della lingua, ovviamente.

Questo libro contiene un lessico di alcune delle parole più usate nella conversazione quotidiana in inglese. Utilizza antiche tecniche di apprendimento di ripetizione e memorizzazione a memoria, nel tentativo di condizionare il cervello a imparare l'inglese il più rapidamente possibile. Inoltre, una funzione ausiliaria chiamata modalità storia è inclusa per aiutare il lettore in un test di comprensione.

Infine, va notato che mentre questo libro aiuta a riconoscere visivamente e comprendere le parole inglesi, gli studenti devono anche avere una comprensione delle loro pronunce corrette. Per aiutare con questo, c'è un audiolibro di accompagnamento che sarà reso disponibile al fine di abilitare lezioni di ascolto.

E ora, dalla bellissima città dell'Inghilterra; la città dei monarchi, i grandi orologi e gli autobus a due piani, vi presentiamo, Il Modo Semplice Per Imparare L'Inglese

COMO USARE QUESTO LIBRO

1. Questa linea è la linea di allenamento (o T-Line se preferisci)

TEMPO DI ALLENAMENTO

Rappresenta la fine di un set di 25 parole da memorizzare.

1. Sei richiesto per coprire il lato destro del libro e tentare di tradurre il lato sinistro, a mano libera.
2. Ogni traduzione corretta porta 1 punto. Le parole dopo la T-line ma non fino a 25, sono considerate come bonus.
3. Non procedere al lotto successivo fino a quando non hai segnato almeno venticinque punti.
4. Le modalità storia sono pensate per aiutarti a capire l'uso delle parole nelle frasi, quindi assicurati di ottenere un punteggio elevato nell'addestramento, al fine di comprendere appieno le storie.

Ora che conosci le regole, Cominciamo.

Capitolo 1

NOZIONI DI BASE

Parole chiavi: I, a, he, she, you, and, the, boy, girl, man, woman, apple, eat, drink.

Il	The
L'acqua	The water
La mela	The apple
Il ragazzo	The boy
La ragazza	The girl
L'uomo	The man
La donna	The woman
Il pane	The bread
Un uomo	A man
Una donna	A woman
Io sono un uomo	I am a man
Sono un ragazzo	I am a boy
La donna mangia la mela	The woman eats the apple
Il ragazzo mangia una mela	The boy eats an apple
Lei	She
Lui è un ragazzo	He is a boy
Lei è una ragazza	She is a girl
Io bevo	I drink
Tu bevi	You drink
Io mangio	I eat
Tu mangi	You eat
Lei mangia	She eats
Io mangio zucchero	I eat sugar
Lui beve	He drinks
Tu sei una donna	You are a woman

TEMPO DI ALLENAMENTO

Le donne	The women
Il libro	The book
Il giornale	The newspaper
Io leggo	I read
Io scrivo	I write
Voi leggete	You read
Tu scrivi	You write
Lei legge	She reads
Lui legge	He reads
Noi scriviamo	We write
Noi beviamo	We drink
Lui scrive un libro	He writes a book
Voi bevete l'acqua	You drink the water
Noi beviamo acqua	We drink water
Le donne bevono	The women drink
Gli uomini bevono acqua	The men drink water
Voi siete ragazzi	You are boys
Noi siamo ragazze	We are kids
Noi siamo uomini	We are men
Noi siamo donne	We are women
Noi siamo uomini	We are men
Voi siete uomini	You are men
Beviamo latte?	Do we drink milk?
Noi beviamo latte	We drink milk
Noi beviamo acqua	We drink water

TEMPO DI ALLENAMENTO

Il	The
Essi	They
Noi, loro	We, they
Notte	Night
Pomeriggio	Afternoon
Ciao!	Hello!
Inglese	English
Italiano	Italian
Io parlo	I speak
Grazie, scusami	Thank you, excuse me
Ciao, scusami	Bye, excuse me
Parli inglese?	Do you speak English?
Sono Dani, parlo inglese	I am Dani, I speak English
Si, Scusami	Yes, excuse me
Sono Martina, parlo italiano	I am Martina, I speak Italian
Sono mele?	Are they apples?
Lui, lei, noi	He, she, us
Sono uomini?	Are they men?
Sono donne?	Are they women?
Loro sono uomini	They are men
Loro sono donne	They are women
Loro sono ragazze	They are girls
Loro leggono	They read
Loro scrivono	They write
Sono donne	They are women

TEMPO DI ALLENAMENTO

Grazie	Thanks
Sì	Yes
Ciao	Hi
Ciao!	Bye!
Buonasera	Good evening
Buongiorno	Good morning
Buonanotte	Good night
Arrivederci	Good bye
Arrivederci Salvatore	Good bye Salvatore
Buonasera Giorgia	Good evening Giorgia
Buonanotte DiStefano	Good night DiStefano
Grazie Sofia !	Thanks Sofia!
No, grazie	No, thank you
No, scusa	No, sorry
Per favore	Please
Io sono spiacente	I am sorry
Nello zucchero	In the sugar
Io ho una mela	I have an apple
Io mangio lo zucchero	I eat the sugar
I ragazzi scrivono	The boys write
La donna mangia lo zucchero	The woman eats sugar
Io ho un libro	I have a book
Gli uomini bevono birra	The men drink beer
mi piaci	I like you
Mi piacciono le donne	I like women

TEMPO DI ALLENAMENTO

Noi siamo donne	We are women
Loro sono ragazze	They are girls
Io ho le chiavi	I have the keys
Non sono buoni	They are not good
Loro leggono libri	They read books
A loro piace l'ananas	They like pineapples
I ragazzi mangiano mele	The boys eat apples
L'uomo legge lettere	The man reads letters
Ho letto le parole	I read the words
La ragazza mangia le mele	The girl eats apples
Lui legge le parole	He reads the words
La donna scrive lettere	The woman writes letters
Lei mangia le patate	She eats potatoes
A loro piacciono le banane	They like bananas
Le ragazze stanno bene	The girls are good
Bevono vini	They drink wines
Siete tutti ragazze	You all are girls
Io scrivo un libro	I write a book
Scrivi una lettera	You write a letter
Io scrivo lettere	I write letters
Lui scrive libri	He writes books
Il ragazzo scrive una lettera	The boy writes a letter
Io leggo il giornale	I read the newspaper
Loro leggono un libro	They read a book
Loro scrivono un livro	They write a book

TEMPO DI ALLENAMENTO

Leggiamo	We read
Beviamo	We drink
Io sono una persona	I am a person
Leggi un libro	You read a book
Noi leggiamo il giornale	We read the newspaper
Lui legge un libro	He reads a book
Dani è una persona	Dani is a person
Martina scrive, Marco legge	Martina writes, Marco reads
Alberto legge un libro	Alberto reads a book
Buongiorno, come stai?	Good morning, how are you?
Sono una ragazza, io bevo latte	I am a girl, I drink milk
Bevi acqua	You drink water
Perché l'ho detto?	Why did i say that?
Non vogliamo un nemico	We do not want an enemy
Lei ha chiesto e ha risposto	She asked and answered
Chi vince?	Who wins?
Devo svegliarmi alle sei	I have to wake up at six
È dare e avere	It is give and take
Riempio la bottiglia con acqua	I fill up the bottle with water
Noi facciamo	We do it
Io costruisco	I make it
Ho sentito	I hear it
Li amo molto	I love them a lot
Lei li aiuta	She helps them
Mio fratello li cerca	My brother looks for them

TEMPO DI ALLENAMENTO

MODALITÀ STORIA

INGLESE

Rebecca: "I'm ready to party with the guys from Rio, we'll leave tomorrow."

Martina: "Have you packed everything you need?"

Rebecca: "Yes, I have."

Martina: "How long will you be away?"

Rebecca: "About three or four months."

Martina: "What's in this bag?"

Rebecca: "Not much, some clothes, water and a computer."

Martina: "Have you thought of other things that will be needed once you arrive?"

Rebecca: "Things like what?"

Martina: "Things like a place to stay, where to eat, places to visit."

Rebecca: "No, not really."

Martina: "If you have not yet booked a place, you can still get a room at the Hotel Marina Palace. It's cheap and they serve fresh milk for breakfast.

For food and drinks, you can visit Acqua, a nice place in São Paulo. They also have a garden where you can sit down, eat bread and drink wine with both men and women.

At night, you should also visit Cambury Beach. There is always a crowd of happy people on the beach, looking for a good time.

And finally, to buy items, you can go to the Largo Da Ordem market. It opens on Saturdays, but most traders speak Portuguese.

Rebecca: "No problem, I can read a little Portuguese, I can also learn the language when I arrive."

Martina: "Will your sister go with you?"

Rebecca: "Yes, we will write a book together."

Martina: "And your father?"

Rebecca: "No, he will be at home reading the newspapers."

Martina: "All right, please bring some memories when you come back, thanks."

Rebecca: "Do not worry, I'll even send you a letter regularly, to keep you updated."

Martina: "Thanks, I would appreciate it."

A B C D E F G H I J K L M N O P Q R S T U V W X Y Z

ITALIANO

Rebecca: "Sono pronto a far festa con i ragazzi di Rio, partiremo domani."

Martina: "Hai impacchettato tutto ciò di cui hai bisogno?"

Rebecca: "Sì, ho."

Martina: "Quanto starai lontano?"

Rebecca: "Circa tre o quattro mesi."

Martina: "Cosa c'è in questa borsa?"

Rebecca: "Non molto, alcuni vestiti, acqua e un computer."

Martina: "Hai pensato ad altre cose che saranno necessarie una volta arrivato?"

Rebecca: "Cose come cosa?"

Martina: "Cose come un posto dove stare, dove mangiare, posti da visitare."

Rebecca: "No, non proprio."

Martina: "Se non hai ancora prenotato un posto, puoi comunque avere una camera all'Hotel Marina Palace, è economico e servono latte fresco a colazione.

Per cibo e bevande, puoi visitare Acqua, un bel posto a San Paolo. Hanno anche un giardino dove puoi sederti, mangiare pane e bere vino con uomini e donne.

Di notte, dovresti visitare anche Cambury Beach. C'è sempre una folla di persone felici sulla spiaggia, in cerca di un buon tempo.

E infine, per comprare oggetti, puoi andare al mercato di Largo Da Ordem. Si apre il sabato, ma la maggior parte dei commercianti parla portoghese.

Rebecca: "Nessun problema, posso leggere un po 'di portoghese, posso anche imparare la lingua quando arrivo."

Martina: "Tua sorella andrà con te?"

Rebecca: "Sì, scriveremo un libro insieme."

Martina: "E tuo padre?"

Rebecca: "No, sarà a casa a leggere i giornali."

Martina: "Va bene, per favore porta dei ricordi quando torni, grazie."

Rebecca: "Non ti preoccupare, ti manderò anche una lettera regolarmente, per tenerti aggiornato."

Martina: "Grazie, lo apprezzerei."

1 2 3 4 5 6 7 8 9
10 11 12 13 14 15
16 **17 18** 19 20 21
22 23 24 25 26
27 28 29 30 31

Capitolo 2

CIBO

Parole chiavi: Chocolate, candy, fruit, carrot, food, beer, bottle, coffee, banana, butter, breakfast, beef, chicken, dinner, egg, drink, cheese, kitchen, cut, eat, cook.

La frutta	The fruit
La forchetta	The fork
La fame	The hunger
La dieta	The diet
La colazione	The breakfast
Il pranzo	The lunch
La cena	The dinner
La bottiglia	The bottle
Il bicchiere	The glass
Il burro	The butter
La tazza	The cup
La ciotola	The bowl
La torta	The cake
La birra	The beer
Il pollo	The chicken
L'uovo	The egg
Un uovo	An egg
La bevanda	The beverage
Il formaggio	The cheese
Una carota	A carrot
La salsa	The sauce
L'uva	The grape
L'aglio	The garlic
Il succo	The juice
La bevanda	The drink

TEMPO DI ALLENAMENTO

Il pesce	The fish
Il latte	The milk
Il caffè	The coffee
Il menu	The menu
Il pasto	The meal
Il piatto	The plate
Una banana	A banana
Io mangio il cioccolato	I eat the chocolate
Il ragazzo mangia il biscotto	The boy eats the cookie
Io mangio il gelato al cioccolato	I eat the chocolate ice cream
Io mangio il pranzo	I eat lunch
Io cucino il pranzo	I cook lunch
Non è acido	It is not sour
La marmellata ha un gusto acido	The jam has an acidic taste
Io cucino la carne	I cook the meat
È una cucina	It is a kitchen
Io bevo una bottiglia	I drink a bottle
Voi bevete il latte	You drink milk
Tu bevi caffè	You drink coffee
Voi mangiate il pesce	You eat the fish
L'uomo ha la forchetta	The man has the fork
Io mangio il formaggio frito	I eat the fried cheese
Noi mangiamo	We eat
Noi mangiamo la colazione	We eat the breakfast
Il cuoco ha il burro	The cook has the butter

TEMPO DI ALLENAMENTO

La donna mangia pesce	The woman eats fish
Io mangio la cena	I eat the dinner
Il pesce è la cena	The fish is the dinner
Non mangio formaggio	I do not eat cheese
Loro mangiano il pesce	They eat the fish
Il cuoco taglia il manzo	The cook cuts the beef
Io taglio la mela	I cut the apple
Lei cucina	She cooks
Io cucino pesce	I cook fish
La donna taglia la carota	The woman cuts the carrot
Io cocino il pollo	I cook the chicken
La crema bolle	The cream boils
La crema al cioccolato bolle	The chocolate cream boils
Un ananas e una birra	A pineapple and a beer
Io taglio il pane	I cut the bread
Il cibo	The food
La caramelle	The candy
Io mangio frutta	I eat fruit
Lui mangia un fagiolo	He eats a bean
Il limone	The lemon
L'arancia	The orange
Lei mangia una banana	She eats a banana
Io mangio una torta dolce	I eat a sweet cake
Io mangio la bistecca	I eat the steak
Mangiano la marmalleta	They eat jam

TEMPO DI ALLENAMENTO

La carne	The meat
Il maiale	The pork
La cipolla	The onion
Il sale	The salt
Lo zucchero	The sugar
La zuppa	The soup
La pasta	The pasta
Il riso	The rice
Il ristorante	The restaurant
Il panino	The sandwich
Il pomodoro	The tomato
La patata	The potato
Io cucino una patata	I cook a potato
Io mangio la marmalleta	I eat the jam
Gli uomini bevono la limonata	The men drink the lemonade
Il cuoco cocina il maiale	The chef cooks pork
Io ho una ricetta nel libro	I have a recipe in the book
Lei beve olio	She drinks oil
Non bevo olio	I do not drink oil
Io non ho pepe	I do not have pepper
Noi mangiamo la pasta	We eat pasta
Eu cozinho uma batata	I cook a potato
È un panino	It is a sandwich
Lui mangia l'insalata	He eats the salad
Il cuoco ha una salsiccia	The chef has a sausage

TEMPO DI ALLENAMENTO

L'ingrediente è il sale	The ingredient is salt
Noi ceniamo al ristorante	We have dinner at the restaurant
È un tacchino	It is a turkey
Le donne pranzano al ristorante	The women have lunch at the restaurant
Il ragazzo pranza	The boy eats lunch
La donna cena	The woman eats dinner
Io mangio un pomodoro	I eat a tomato
Il cuoco pranza	The cook eats lunch
Non sono un cameriere	I am not a waiter
Nos beviamo il succo	We drink juice
Lui taglia il pane	He cuts the bread
Legge il menu	He reads the menu
Lui mangia una banana	He eats a banana
Hai fame?	Are you hungry?
Ti piacciono le carote?	Do you like carrots?
La cucina	The kitchen
Il manzo	The beef
Il vino	The wine
Il succo	The juice
La griglia	The grill
La fragola	The strawberry
Io cucino e tu mangi	I cook and you eat
Mangio un uovo	I eat an egg
Lui non è vegetariano	He is not vegetarian
Il cuoco cucina i funghi	The cook cooks the mushrooms

TEMPO DI ALLENAMENTO

Amaro	Bitter
Un limone	A lemon
La fattoria	The farm
Lui mangia la verdura	He eats the vegetables
Il cameriere ha il vino	The waiter has the wine
Noi mangiamo i funghi	We eat the mushrooms
Io mangio pesce	I eat fish
Io non mangio il formaggio	I do not eat cheese
La ragazza beve un tè	The girl drinks tea
La ragazza ha fame	The girl is hungry
L'ingrediente è la marmellata	The ingredient is the jam
Il gusto non è dolce	The flavor is not sweet
Il gusto è dolce	The taste is sweet
Tu mangi il ghiaccio	You eat the ice
Il ragazzo mangia formaggio	The boy eats cheese
Mi piace la torta	I like cake
Mi piace l'insalata con l'olio	I like salad with oil
Mangiamo l'ananas	We eat pineapple
Noi mangiamo una mela	We eat an apple
Il coltello	The knife
Il cucchiao	The spoon
Bevi il caffè?	Do you drink coffee?
Lui ha dell'acqua	He has water
Lui ha una mela	He has an apple
Lui mangia un biscotto	He eats a cookie

TEMPO DI ALLENAMENTO

La ragazza mangia frutta	The girl eats fruit
La ragazza mangia pasta con pepe	The girl eats pasta with pepper
Alla donna piace la pasta con il pepe	The woman likes pasta with pepper
Mangi patata?	Do you eat potato?
La ragazza beve succo d'arancia	The girl drinks orange juice
Le ragazze mangiano riso	The girls eat rice
L'uomo ama il riso con pepe	The man likes rice with pepper
Io ho un libro	I have a book
Mi piace il cioccolato	I like chocolate
Gli piace il cioccolato con pepe	He likes chocolate with pepper
Mi piacciono i biscotti	I like cookies
Gli piace il tè	He likes tea
Mangiamo un panino	We eat a sandwich
Il latte bolle	The milk boils
Il cibo è buono	The food is good
Beve limonata	He drinks lemonade
È un pasto	It is a meal
È il cibo!	It is the food!
Non bevo latte acido	I do not drink sour milk
Scrive con gioia	He writes with joy
I vini sono buoni	The wines are good
Mangio zucchero	I eat sugar
Il latte è acido?	Is the milk sour?
Mangi la fragola?	Do you eat strawberry?
Mi piace la bistecca	I like steak

TEMPO DI ALLENAMENTO

No, Francesca non mangia pesce	No, Francesca does not eat fish
Victoria mangia riso	Victoria eats rice
Latte, uova, pesce	Milk, egg, fish
Cucino pesce	I cook fish
L'arancia è un frutto	The orange is a fruit
Dani mangia frutta	Dani eats fruit
No, Marco non beve vino, beve succo di frutta	No, Marco does not drink wine, he drinks juice
È un pomodoro	It is a tomato
Io mangio pasta	I eat pasta
Io cucino la pasta	I cook pasta
Sì, è un succo	Yes, it is juice
Le ragazze mangiano frutta	The girls eat fruit
Beviamo il succo	We drink juice
Sì, il pomodoro	Yes, the tomato
L'arancia, la mela	The orange, the apple
Non cucino la pasta, cucino il riso	I do not cook pasta, I cook rice
La ragazza mangia le fragole	The girl eats strawberries
No, non è una fragola, è un pomodoro	No, it is not a strawberry, it is a tomato
Clarisse non mangia le fragole	Clarisse does not eat strawberries
Alberto non mangia salsa	Alberto does not eat sauce
Tè, acqua, zucchero	Tea, water, sugar
Mangio panini	I eat sandwiches
Mangiamo fragole	We eat strawberries
È un panino	It is a sandwich
Mangi panini	You eat sandwiches

TEMPO DI ALLENAMENTO

No, Marco non è vegetariano	No, Marco is not vegetarian
Una fragola, una mela, un frutto	A strawberry, an apple, a fruit
Il ragazzo mangia le fragole	The boy eats strawberries
Sì, Martina è vegetariana	Yes, Martina is vegetarian
I vegetariani bevono birra?	Do vegetarians drink beer?
Martina è vegetariana, non mangia pesce	Martina is a vegetarian, she does not eat fish
Sono vegetariano, non mangio pollo	I am vegetarian, I don't eat chicken
È zuppa	It is soup
È un limone	It is a lemon
È il cibo	It is the food
Il pomodoro, la patata, il formaggio	The tomato, the potato, the cheese
Io cucino pesce	I cook fish
Pomodoro, cipolla, zuppa	Tomato, onion, soup
L'uovo, il formaggio	The egg, the cheese
Io cucino carne	I cook meat
Il pranzo	The lunch
mangio il pranzo	I eat lunch
Io mangio carne	I eat meat
Pesce, carne, pollo	Fish, meat, chicken
Uovo, pollo, riso	Egg, chicken, rice
Non voglio lattuga	I do not want lettuce
Le nostre uve	Our grapes
Una carota e una mela	A carrot and an apple
La zuppa è per Mateo	The soup is for Mateo
Non voglio lattuga nella mia insalata	I do not want lettuce in my salad

TEMPO DI ALLENAMENTO

No, non sono uva	No, they are not grapes
Sì, i funghi sono rossi	Yes, the mushrooms are red
Beve acqua o latte	She drinks water or milk
La carota, le carote	The carrot, the carrots
Le insalate, i funghi, le carote	The salads, the mushrooms, the carrots
Alberto mangia i funghi	Alberto eats mushrooms
Silvia e Martina sono vegetariani	Silvia and Martina are vegetarians
Dani e io mangio carne	Dani and i eat meat
Marco e io non beviamo birra	Marco and i do not drink beer
Voglio funghi nella mia insalata	I want mushrooms in my salad
Sì, è un'insalata	Yes, it is salad
Mangiamo ananas	We eat pineapples
L'uva che voglio è rossa	The grape that i want is red
E gli ananas?	And the pineapples?
Lei mangia una banana	She eats a banana
Le torte	The cakes
Hai bisogno di più mais?	Do you need more corn?
Bevo quando voglio	I drink when I want
Se non cucino, non mangio	If I do not cook, I do not eat
Voglio una banana	I want a banana
Il burro e l'olio	The butter and the oil
È un ananas?	Is it a pineapple?
Voglio più banane	I want more bananas
Mangio perché mangi	I eat because you eat
Parlo mentre mangio	I speak while I eat

TEMPO DI ALLENAMENTO

Gelato	Ice cream
Io ho il gelato al caffè	I have the coffee ice cream
Il pasto	The meal
Il fagiolo	The bean
I funghi	The mushrooms
Gli ananas sono nostri	The pineapples are ours
Lei sta mangiando una banana	She is eating one banana
Voglio il tonno nella mia insalata	I want tuna in my salad
Il tacchino non è nostro	The turkey is not ours
Hai bisogno di più ghiaccio?	Do you need more ice?
Io non mangio la pasta	I do not eat pasta
La salsa, il pomodoro, la cipolla	The sauce, the tomato, the onion
Tonno, carne e pollo	Tuna, meat and chicken
Non voglio il tacchino, grazie	I do not want turkey, thanks
Leggo un menu mentre mangio	I read a menu while I eat
È ghiaccio, non zucchero	It is ice, not sugar
Olio e sale	Oil and salt
Mangi il pepe?	Do you eat pepper?
Voglio pasta senza formaggio	I want pasta without cheese
Non mangio aglio	I do not eat garlic
La torta bianca è mia	The white cake is mine

TEMPO DI ALLENAMENTO

MODALITÀ STORIA

INGLESE

Andrea: "What do we eat for breakfast?"

Gabriella: "Carrot cake."

Andrea: "Is it a salad?"

Gabriella: "No, it's a real cake, it's made with carrots."

Andrea: "It looks delicious, I would like to eat a cake made with bananas, oranges, strawberries or even pineapples... What about lunch?"

Gabriella: "Rice and tuna dipped in garlic sauce."

Andrea: "No, I do not want that. What other food do you have in your fridge?"

Gabriella: "Nothing more, just some tomatoes, fish, chicken, cheese, onions and some eggs, I also have to go shopping for some items."

ITALIANO

Andrea: "Cosa mangiamo per colazione?"

Gabriella: "Torta di carote."

Andrea: "È un'insalata?"

Gabriella: "No, è una vera torta, è fatta con le carote."

Andrea: "Sembra delizioso, mi piacerebbe mangiare una torta fatta con banane, arance, fragole o addirittura ananas, e il pranzo?"

Gabriella: "Riso e tonno immersi nella salsa all'aglio."

Andrea: "No, non voglio quello. Quale altro cibo hai nel tuo frigo?"

Gabriella: "Niente di più, solo un po 'di pomodori, pesce, pollo, formaggio, cipolle e qualche uovo, devo anche andare a fare la spesa per alcuni oggetti."

Capitolo 3

ANIMALI

Parole chiavi: Whale, elephant, wolf, cow, insect, cat, snake, duck, shark, fly, ant, horse, monkey, animal.

Il toro	The bull
Il cavallo	The horse
L'uccello	The bird
La tartaruga	The turtle
Il leone	The lion
Il cane	The dog
Il gatto	The cat
L'elefante	The elephant
L'anatra	The duck
Il ragno	The spider
L'orso	The bear
Il coniglio	The rabbit
Il maiale	The pig
La scimmia	The monkey
Il delfino	The dolphin
Una mucca	A cow
Un'ape	A bee
Un insetto	An insect
Una balena	A whale
Lei ha un gatto	She has a cat
È un lupo	It is a wolf
È un pinguino	It is a penguin
La scimmia è nello zoo	The monkey is in the zoo
Tu sei una tigre	You are a tiger
Il pollo è un uccello	The chicken is a bird

TEMPO DI ALLENAMENTO

Il cane beve acqua	The dog drinks water
La mucca beve latte	The cow drinks milk
I gatti bevono acqua	The cats drink water
I gatti bevono latte	The cats drink milk
L'elefante beve latte	The elephant drinks milk
Gli uccelli mangiano frutta	The birds eat fruit
La scimmia mangia una banana	The monkey eats a banana
La mucca beve acqua	The cow drinks water
Il ragno beve acqua	The spider drinks water
Sono una farfalla	I am a butterfly
Sono un insetto	I am an insect
Il serpente mangia il topo	The snake eats the mouse
Lo squalo mangia	The shark eats
La mosca è nel bicchiere	The fly is in the glass
Ho l'ape	I have the bee
Ho l'orso	I have the bear
L'ape mangia lo zucchero	The bee eats the sugar
Il cane mangia una formica	The dog eats an ant
A loro non piacciono i cavalli	They do not like horses
È un topo!	It is a mouse!
L'elefante mangia una mela	The elephant eats an apple
La ragazza parla con la tigre	The girl speaks with the tiger
Il lupo parla con la ragazza	The wolf talks to the girl
Il serpente parla al ragazzo	The snake talks to the boy
La tigre mangia pane	The tiger eats bread

TEMPO DI ALLENAMENTO

La mosca mangia pane	The fly eats bread
La formica legge un libro	The ant reads a book
L'animale	The animal
I gatti bevono latte	The cats drink milk
Il cavallo beve acqua	The horse drinks water
L'uccello beve l'acqua	The bird drinks water
Un cavallo è un animale	A horse is an animal
Il lupo beve latte	The wolf drinks milk
Sì, i cani	Yes, the dogs
Mi piacciono i gatti	I like cats
Gli insetti mangiano cioccolato	Insects eat chocolate
Le mosche mangiano cioccolato	Flies eat chocolate
Gli insetti bevono acqua	Insects drink water
Le mosche sono insetti	Flies are insects
Sono gatti?	Are they cats?
È una formica	It is an ant
Sì, sono elefanti	Yes, they are elephants
Juan è una tartaruga	Juan is a turtle
Alberto è un'anatra	Alberto is a duck
Fernando è un elefante	Fernando is an elephant
Gli elefanti bevono acqua	The elephants drink water
Siamo tartarughe	We are turtles
Sono granchi, non ragni	They are crabs, not spiders
Un orso è un animale	A bear is an animal
Gli uccelli	The birds

TEMPO DI ALLENAMENTO

MODALITÀ STORIA

INGLESE

Clarisse: "Thank you for taking me to the zoo, there are so many animals here, I can see lions, horses, elephants, monkeys, bears, rabbits and birds."

Alberto: "Look there, that giant spider is called the tarantula, and in the water, there are big turtles, ducks, crabs and dolphins."

Clarisse: "Are there also penguins?"

Alberto: "I doubt it, the penguin is an Arctic animal, so it's more likely to be in the frozen regions."

Clarisse: "You know a lot about animals, do you have a pet?"

Alberto: "No more. Once I had a mouse, and then a pig, but my sister ate it. Then there was a dog that loved to chase the neighbor's cat, but it got sick and died."

Clarisse: "Which animals are your favorites?"

Alberto: "The animals I like best are the ones I can eat or drink, especially chickens and cows. The ones I hate the most are snakes and bees."

ITALIANO

Clarisse: "Grazie per avermi portato allo zoo, ci sono così tanti animali qui, posso vedere leoni, cavalli, elefanti, scimmie, orsi, conigli e uccelli."

Alberto: "Guarda lì, quel ragno gigante è chiamato la tarantola, e nell'acqua ci sono grandi tartarughe, anatre, granchi e delfini."

Clarisse: "Ci sono anche i pinguini?"

Alberto: "Ne dubito, il pinguino è un animale artico, quindi è più probabile che si trovi nelle regioni ghiacciate."

Clarisse: "Conosci molto degli animali, hai un animale domestico?"

Alberto: "Non più, una volta avevo un topo e poi un maiale, ma mia sorella lo mangiava, poi c'era un cane che amava inseguire il gatto del vicino, ma si ammalò e morì."

Clarisse: "Quali animali sono i tuoi preferiti?"

Alberto: "Gli animali che mi piacciono di più sono quelli che posso mangiare o bere, soprattutto i polli e le mucche, quelli che odio di più sono i serpenti e le api."

Capitolo 4

POSSESSIVI

Parole chiavi: My, yours, ours, mine.

Non è la mia	It is not mine
Io mangio il mio panino	I eat my sandwich
I miei gatti bevono latte	My cats drink milk
I cani sono miei	The dogs are mine
Il cane è mio	The dog is mine
Le mie mele sono nel piatto	My apples are on the plate
Lei è la mia ragazza	She is my girl
Il gato non è mio	The cat is not mine
È tuo?	Is it yours?
Noi beviamo le tue	We drink yours
I tuoi panini	Your sandwiches
La cucina è tua	The kitchen is yours
Lu ha il tuo piatto	He has your plate
La tua cucina ha una ciotola	Your kitchen has a bowl
Io mangio i tuoi	I am eating yours
Il tuo sale	Your salt
Le forchette sono le tue	The forks are yours
Io mangio i tuoi panini	I eat your sandwiches
La sua pasta è nel piatto	Her pasta is in the plate
Le caramelle sono le sue	The candies are hers
È nostro	It is ours
Io ho le sue bottiglie	I have his bottles
La forchetta è la sua	The fork is hers
Le tue farfalle	Your butterflies
L'olio è suo	The oil is his

TEMPO DI ALLENAMENTO

L'animale mangia il suo cibo	The animal eats its food
Il suo cavallo mangia il riso	His horse eats the rice
Noi scriviamo nel nostro menu	We write in our menu
La nostra pasta è nel piatto	Our pasta is in the plate
I cavalli non sono i nostril	The horses are not ours
L'ape è la nostra	The bee is ours
Le gatte sono le nostre	The cats are ours
I suoi gatti mangiano il topo	His cats eat the mouse
Io ho la nostra mucca	I have our cow
Lei mangia la propria caramella	She eats her own candy
Il vostro coltello non taglia	Your knife does not cut
I nostri gatti non bevono acqua	Our cats do not drink water
Lui ha i propri gatti	He has his own cats
La donna ha i vostri bicchieri	The woman has your glasses
Noi mangiamo le nostre torte	We eat our cakes
Io non ho le vostre bottiglie	I do not have your bottles
L'animale mangia il proprio cibo	The animal eats its own food
Il ragazzo mangia i propri biscotti	The boy eats his own cookies
La tua anatra beve acqua	Your duck drinks water
I tuoi animali mangiano più carne	Your animals eat more meat
Mio padre beve vino	My dad drinks wine
Le mele sono nostre	The apples are ours

TEMPO DI ALLENAMENTO

MODALITÀ STORIA

INGLESE

"The dress is similar to mine." Miss Alessia said.

"Most of the clothes in our store are similar with some minor differences ... Look, this has red ribbons, while yours is blue." Mr. Laurent answered.

"Look at that man for example, he also bought something similar for his daughter but it has a pocket."

"I understand, you're right." Miss Alessia said.

ITALIANO

"L'abito è simile al mio." Disse Miss Alessia.
"La maggior parte dei vestiti nel nostro negozio sono simili con alcune piccole differenze ... Guarda, questo ha dei nastri rossi, mentre il tuo è blu." Il signor Laurent rispose.
"Guarda quell'uomo, ad esempio, ha anche comprato qualcosa di simile per sua figlia ma ha una tasca."
"Capisco, hai ragione." Disse Miss Alessia.

Capitolo 5

ABBIGLIAMENTO

Parole chiavi: Uniform, jewelry, clothes, sweater, dress, clothing, shoe, pants, bag, belt, gloves, shirts, boot, socks, pockets, hats, jacket, coat, tie, sandal.

I pantaloni	The pants
La cravatta	The tie
La cintura	The belt
Il costume	The costume
La gonna	The skirt
La camicia	The shirt
La scarpa	The shoes
I vestiti	The clothes
La borsa	The handbag
Il capello	The hat
I capelli	The hats
Il cappello è viola	The hat is purple
Il vestito	The dress
Le tasche	The pockets
La mia scarpa	My shoe
I suoi pantaloni	Her pants
Lui ha il mio cappotto	He has my coat
Le mie camicie	My shirts
La mia giacca è marrone	My jacket is brown
Io ho la cintura	I have your belt
I miei pantaloni	My pants
Io ho una gonna	I have a skirt
Io ho camicie	I have shirts
Io ho le tue scarpe	I have your shoes
Il coltello è nello stivali	The knife is in the boot

TEMPO DI ALLENAMENTO

Il cappotto	The coat
La giacca	The jacket
Lo stivale	The boot
Una divisa	A uniform
Una calza	A stocking
Un maglione	A sweater
L'abito	The suit
Io ho un ombrello	I have an umbrella
I portafogli sono nostri	The wallets are ours
Io ho il mio portafoglio	I have my wallet
Io ho la gioielleria	I have the jewelry
Lei compra gli stivali	She buys the boots
Um sapato azul	A blue shoe
I miei sandali	My sandals
I guanti sono i tuoi	The gloves are yours
L'uomo ha il cuoio	The man has the leather
È un sandalo	It is a sandal
Le sue calze	His socks
È una gonna	It is a skirt
Le sue gonne sono rosse	Her skirts are red
Le nostre magliette	Our shirts
Hai bisogno di una gonna bianca	You need a white skirt
Il vestito è suo	The dress is his
Il libro è nero	The book is black
Mangia carne rossa	He eats red meat

TEMPO DI ALLENAMENTO

MODALITÀ STORIA

INGLESE

Niko: "Those shoes are very beautiful, they seem expensive."

Rebecca: "Yes, I needed new clothes, so today I went shopping."

Niko: "Fantastic! what else did you buy?"

Rebecca: "First, I bought a new dress for work and the yellow belt I was looking for last summer. Then I bought pants, a white dress, a coat for my mother and a pair of shirts for my father. As I left, I saw the boots under a pair of skirts, and decided to get them for you, along with a sweater."

Niko: "Thank you very much, I appreciate it."

"Today is very windy." Miss Alessia said as they left the mall.

"This is a sign that summer is ending." Laurent answered.

"I wish I had a jacket and a pair of socks."

"I think I have some socks in my bag." Mr. Laurent said.

"Do not worry, I can buy one in that other clothing store, I can see some good glasses for sale at the window!"

ITALIANO

Niko: "Quelle scarpe sono molto belle, sembrano costose."

Rebecca: "Sì, avevo bisogno di vestiti nuovi, così oggi sono andato a fare shopping."

Niko: "Fantastico, cos'altro hai comprato?"

Rebecca: "Per prima cosa, ho comprato un vestito nuovo per il lavoro e la cintura gialla che stavo cercando l'estate scorsa, poi ho comprato i pantaloni, un vestito bianco, un cappotto per mia madre e un paio di camicie per mio padre.

Mentre me ne andavo, vidi gli stivali sotto un paio di gonne e decisi di prenderli per te, insieme a un maglione."

Niko: "Grazie mille, lo apprezzo."

"Oggi è molto ventoso." Disse Miss Alessia mentre lasciavano il centro commerciale.

"Questo è un segno che l'estate sta finendo." Laurent rispose.

"Vorrei avere una giacca e un paio di calzini."

"Penso di avere dei calzini nella mia borsa." Il signor Laurent ha detto.

"Non ti preoccupare, posso comprarne uno in quell'altro negozio di abbigliamento, posso vedere degli ottimi occhiali in vendita alla finestra!"

Capitolo 6

DOMANDE

Parole chiavi: What, where, who, what, which, why, how many, how.

Domanda	Question
Quale?	Which?
Chi?	Who?
Cosa?	What?
Perché?	Why?
Dove?	Where?
Quanto costa?	How much is it?
Quante ragazze mangiano?	How many girls eat?
Quanto pane mangi?	How much bread do you eat?
Quanta carne?	How much meat
Quanti ragazzi mangiano pesce?	How many boys eat fish?
Qual è il cane?	Which is the dog?
Como?	How?
Come scrivi una lettera?	How do you write a letter?
Chi legge?	Who reads?
Che cos' è?	What is it?
Cos'è questo?	Which is it?
Qual è il tuo pinguino?	Which is your penguin?
Dov'è il serpente?	Where is the snake?
Dov'è il cuoco?	Where is the cook?
Dov'è lo zoo?	Where is the zoo?
Quali uomini leggono il giornale?	Which men read the newspaper?
Chi è il ragazzo?	Who is the boy?
Chi è Marco?	Who is Marco?
Tu chi sei?	Who are you?

TEMPO DI ALLENAMENTO

Qual?	Which?
Qual?	What?
Quanto?	How?
Quali mele?	Which apples?
Quale ragazzo?	Which boy?
Cosa sono?	What am I?
Cosa leggi?	What do you read?
Chi beve latte?	Who drinks milk?
Quali tartarughe?	Which turtles?
Qual'è la tua domanda?	What's your question?
Legge la domanda	He reads the question
Quanti libri ci sono?	How many books are ours?
Dove sono le domande?	Where are the questions?
La tua domanda non ha una risposta	Your question has no answer
Dove sei?	Where are you?
Quando mangi?	When do you eat?
La mia risposta è no	My answer is no
La risposta è si	The answer is yes
Da quando?	Since when?
Con chi sei?	Who are you with?
Quanti anni ha?	How old is he?
Perché è in ritardo?	Why is he late?
Quante ragazze mangiano?	How many girls eat?
Ho una domanda	I have a question
Qual è il tuo libro?	Which is your book?

TEMPO DI ALLENAMENTO

MODALITÀ STORIA

INGLESE

"Hi, Miss Solange, this is Niko, a food research consultant who conducts research for Simpleway Labs, and today I'd like to ask you a few questions if you do not mind."

"Sure, proceed."

"Thank you."

"First question, do you eat at least three times a day?"

"Yes."

"When do you feel hungriest?"

"In the morning, that's why I never miss breakfast."

"Where do you have breakfast?"

"On the way to work."

"What do you prefer, eggs and bacon or vegetarian sandwiches?"

"Eggs and bacon, I'm not a vegetarian."

"How do you like eggs? Cooked, fried or scrambled?"

"I like to boil, especially before going to the gym. Other times I like to fry."

"What brand of eggs do you buy?"

"SW eggs."

"How many boxes do you buy in a month?"

"Seven."

"How much does a box cost?"

"Ten dollars."

"Do you watch any egg cooking programs?"

"Yes."

"What is your favorite and why?"

"I do not have a particular favorite, but I like Bernado's eggs."

"Thank you for your time."

ITALIANO

"Ciao, signorina Solange, questa è Niko, una consulente di ricerca alimentare che conduce ricerche per Simpleway Labs, e oggi vorrei farti qualche domanda se non ti dispiace."

"Certo, continua."

"Grazie."

"Prima domanda, mangi almeno tre volte al giorno?"

"Sì."

"Quando ti senti più affamato?"

"Al mattino, ecco perché non mi manca mai la colazione."

"Dove fai colazione?"

"Sulla strada per il lavoro."

"Cosa preferisci, uova e pancetta o panini vegetariani?"

"Uova e pancetta, non sono vegetariana."

"Come ti piacciono le uova? Cotte, fritte o strapazzate?"

"Mi piace bollire, soprattutto prima di andare in palestra, altre volte mi piace friggere."

"Che marca di uova comprate?"

"Uova SW."

"Quante scatole comprate in un mese?"

"Sette."

"Quanto costa una scatola?"

"Dieci dollari."

"Vedi programmi di cottura delle uova?"

"Sì."

"Qual è il tuo preferito e perché?"

"Non ho un particolare favorito, ma mi piacciono le uova di Bernado."

"Grazie per il tuo tempo."

"Benvenuto."

Capitolo 7

VERBI

Parole chiavi: Walk, do, like, stay, understand, want, know, put, think, take, speak, feel, enter, believe, become, work.

Io bevo	I drink
Come stai?	How are you?
Voglio una zuppa di pomodoro	I want a tomato soup
No, non potete	No, you can't
Chi viene al ristorante?	Who is coming to the restaurant?
Tu fai un panino	You make a sandwich
Abbiamo una cucina	We have a kitchen
Hanno libri	They have books
Io ho un coltello	I have a knife
Loro sono uomini	They are men
Io sono una ragazza	I am a girl
Quanti siete?	How many of you are there?
Noi siamo ragazzi	We are boys
L'uomo va	The man goes
Non lo so	I don't know
La donna dà i biscotti al ragazzo	The woman gives cookies to the boy
Non trovo la ragazza	I can't find the girl
Il cavallo vede il gatto	The horse sees the cat
Conosco le donne	I know the women
Il ragazzo dice ciao	The boy says hello
Lei prende il mio zucchero	She takes my sugar
Arriva il caffè	The coffee arrives
Lei parla	She speaks
Lui parla	He speaks
Chiedo una bistecca	I ask for a steak

TEMPO DI ALLENAMENTO

Lei porta le mie scarpe	She wears my shoes
Io non metto lo zucchero nel tè	I do not put sugar in tea
Loro non pensano	They do not think
Gli uomini pensano	The men think
Quando arriva il pane?	When does the bread arrive?
Non capisco perchè	I do not understand why
L'animale rimane nello zoo	The animal remains in the zoo
Sentiamo l'uccello	We hear the bird
Lei lascia una caramella	She leaves a candy
Il caffè diventa dolce	The coffee becomes sweet
Dove tenete il pane?	Where do you keep the bread?
Noi crediamo	We believe
Lei lascia il ragazzo	She leaves the boy
Uso il cucchiaio	I use the spoon
Io ricordato il menu	I remember the menu
Come vivono?	How do they live?
Tu mangi	You eat
Tu lavori	You work
Voi entrate?	You enter?
Voi aprite i libri	You open the books
Voi aspettate	You wait
Tu bevi	You drink
Lui finisce la cena	He finishes dinner
Come finisci la torta?	How do you finish the cake?
Finiamo la torta	We finish the cake

TEMPO DI ALLENAMENTO

La donna mangia pesce	The woman eats fish
Al leone piace la carne	The lion likes the meat
Io mangio una mela	I eat an apple
Noi beviamo	We drink
Tu parli con Filippo	You talk to Filippo
Hai bisogno di cosa?	You need what?
Aspettiamo la bevanda	We wait for the beverage
Ho bisogno di te	I need you
Ho bisogno di un cavallo	I need a horse
io parlo	I speak
Lei lascia il cappotto	She leaves the coat
La donna passa l'uomo	The woman passes the man
Hanno bisogno di vestiti	They need clothes
Ha bisogno di un cappotto	She needs a coat
Mi piace lo zucchero	I like sugar
La ragazza aspetta il pranzo	The girl waits for lunch
Parli con Sara	You talk to Sara
Abbiamo bisogno di te	We need you
Non parliamo	We do not speak
Lei guarda e legge	She looks and reads
Lei non trova le sue chiavi	She does not find her keys
Lui arriva con il serpente	He arrives with the snake
Ci piacciono gli ananas	We like pineapples
Lui porta le patate	He brings potatoes
Lui porta il pane	He brings bread

TEMPO DI ALLENAMENTO

Ti seguiamo	We follow you
Lei cammina	She walks
Ti perdono	I forgive you
Amano il caffè	They love coffee
La ragazza si mette il vestito	The girl puts on the dress
Lui segue l'uomo	He follows the man
Ama gli animali	He loves animals
Lei si ferma	She stops
Lui prova	He tries
ritorno	I return
Il leone si sente affamato	The lion feels hungry
Trovano il cucchiaio	They find the spoon
Arriviamo	We arrive
I cavalli si fermano	The horses stop
Guardiamo il menu	We look at the menu
Aprono i libri	They open the books
A loro piacciono le mele	They like apples
Apro la scatola	I open the can
Mi muovo	I move
Lui paga	He pays
Il ragazzo dimentica la cintura	The boy forgets the belt
Lui parte	He departs
Lei compra le scarpe	She buys shoes
Mostra le sue carte	He shows his cards
Lui dorme e io cucino	He sleeps and I cook

TEMPO DI ALLENAMENTO

Avere	Have
Scrivi	Write
Io corro	I run
Tu corri	You run
Io dormo	I sleep
Loro pagano	They pay
Noi dormiamo	We sleep
Io gioco con Paulinho	I play with Paulinho
Non compro insalata	I do not buy salad
Loro giocano	They play
Giochiamo con i cavalli	We play with the horses
Lei legge un libro	She reads a book
L'uomo vince una cintura	The man wins a belt
La ragazza chiede	The girl asks
Io mantengo la fantasia	I keep the fantasy
L'uomo ama il riso con pepe	The man likes rice with pepper
Mostro il mio costume	I show my costume
Lui non cambia	He does not change
Lui mantiene la fattoria	He keeps the farm
Lei presenta la segretaria	She presents the secretary
Lui presenta la donna	He introduces the woman
Lui non esiste	He does not exist
Appaiono di notte	They appear at night
La ragazza prova la zuppa	The girl tries the soup
Porta il caffè al regista	You take coffee to the director

TEMPO DI ALLENAMENTO

Sogno di libri	I dream about books
Lui produce cipolla	He produces onion
Assaggiano il riso	They taste the rice
Gli studenti presentano il loro lavoro	Students present their work
Producono il pane	They produce bread
Sembra famiglio	It seems familiar
Lei conta sulla sua famiglia	She counts on her family
Lei cerca sua madre	She searches for her mother
Il pranzo inizia tra un minuto	The lunch starts in a minute
Lui non conta	He does not count
Rispetto i piloti	I respect the drivers
Le scarpe non si adattano	The shoes do not fit
La scadenza termina il venerdì	The deadline ends on Friday
Contiamo su di te	We count on you
Inizio oggi	I start today
Sembrano naturali	They seem natural
Rispettiamo la tua generazione	We respect your generation
Lei firma	She signs
Perché non vieni?	Why don't you come in?
Lui serve riso	He serves rice
La porta non si chiude	The door does not shut
La festa dipende dall'architetto	The party depends on the architect
Rubiamo la culla	We steal the crib
Non importa quando vieni	It does not matter when you come
Firmano il libro	They sign the book

TEMPO DI ALLENAMENTO

I ragazzi chiudono la finestra	The boys close the window
Importano la tua struttura	They import your structure
Dove devo firmare?	Where do I sign?
Lui serve il caffè	He serves coffee
La porta non si chiude	The door does not shut
Scegli la taglia	You choose the size
Se ti sente	If he hears you
C'è un cane in casa	There is a dog in the house
Invia una risposta	He submits an answer
Ti siedi sul pavimento?	Do you sit on the floor?
I miei figli imparano velocemente	My children learn fast
Ci rivolgiamo all'insegnante	We turn to the teacher
Io ascolto perché parli	I listen because you speak
Non ascoltano?	Don't they listen?
Mia sorella impara i colori	My sister learns the colors
Una ragazza risponde	A girl answers
Tu menti	You lie
Lui spiega la professione	He explains the profession
Preferisci mele o banane?	Do you prefer apples or bananas?
Non mento	I don't lie
Gli offro del succo	I offer him juice
Gli animali non mentono	The animals don't lie
Io sposto il frigo	I move the fridge
Il ragazzo cresce	The boy grows
Il bambino piange	The baby cries

TEMPO DI ALLENAMENTO

Io sono d'accordo	I agree
Siamo d'accordo	We agree
Io canto	I sing
Io volo	I fly
Io studio	I study
Lui ride	He laughs
Domani spiego perché	Tomorrow I explain why
Costruiamo una famiglia	We build a family
Noi ringraziamo il giudice	We thank the judge
Studiano nel pomeriggio	They study in the afternoon
Lei vive in una grande casa	She lives in a large house
Abbiamo colpito un uomo	We hit a man
La segretaria offre il caffè	The secretary offers coffee
Il coltello colpisce il muro	The knife hits the wall
Vivono in una grande casa	They live in a big house
Offro la sua pasta	I offer her pasta
Il coltello colpisce l'uomo	The knife hits the man
Bruciamo la torta	We burn the cake
Le ragazze studiano insieme	The girls study together
Suppongo di sì	I suppose so
Il postino viaggia con la figlia	The postman travels with the daughter
La madre insegna ai suoi figli	The mother teaches her children
Io consegno il cibo	I deliver food
La donna si sveglia	The woman wakes up
Lui guarda gli uccelli	He watches the birds

TEMPO DI ALLENAMENTO

Hanno apparecchiato il tavolo	They set the table
Le scarpe fanno male alla ragazza	The shoes hurt the girl
Mi alleno oggi	I train today
Lei apparecchia la tavola	She sets the table
Lui consegna cibo	He delivers food
Mi prendo cura di mio nonno	I take care of my grandfather
Lui allena il ragazzo	He trains the boy
L'uccello vola in camera da letto	The bird flies in the bedroom
Piangiamo come bambini	We cry like babies
Tiene le chiavi in tasca	He keeps the keys in the pocket
Studia giorno e note	He studies day and night
Preferisci il riso o il pane?	Do you prefer rice or bread?
La madre avvolge il bambino in una coperta	The mother wraps the baby in a blanket
La famiglia invita lo scrittore alla cena	The family invites the writer to the dinner
Cosa vedi?	What do you see?
Noi bruciamo il riso	We burn the rice
Noi non dormiamo	We do not sleep
Tu li urli	You yell at them
Ritardano il pranzo	They delay the lunch
No, non cammini	No, you do not walk
Bruciano la zuppa	They burn the soup
Io non pago	I do not pay
Falliscono	They fail
Falliamo molte volte	We fail many times
Non esito	I do not fail

TEMPO DI ALLENAMENTO

Dove tengono il sale?	Where do they keep the salt?
La lampada brucia l'asciugamano	The lamp burns the towel
Suppone che siamo umani	He assumes that we are human
Le sorelle muovono gli specchi	The sisters move the mirrors
L'architetto sposta la lampada	The architect moves the lamp
Riempio la bottiglia di olio	I fill the bottle with oil
Il giudice giudica il vescovo	The judge judges the bishop
Lei vive in casa mia	She lives in my house
Migliora il menu	She improves the menu
Lei porta la scala	She carries the ladder
Cucinano l'uovo	They cook the egg
Lui pranza	He has lunch
Io non sento	I do not hear
Portano i libri	They carry the books
Gli uccelli non nuotano	Birds do not swim
Lei non va a cavallo	She does not ride a horse
Si prende cura degli animali	He takes care of the animals
Hanno libri	They have books
Tu consegni il cibo	You deliver the food
Non corriamo	We do not run
Vogliamo le mele	We want apples
Si vado	Yes, I go
Io mangio il pane	I eat bread
I ragazzi bevono acqua	The boys drink water
Faccio una domanda	I ask a question

TEMPO DI ALLENAMENTO

Andiamo	We go
Possiamo?	Can we?
Io posso	I can
Puoi	You can
Non cucini anatra?	You do not cook duck?
Mio padre nuota, tua madre cammina	My dad swims, your mom walks
I ragazzi vedono l'orso	The boys see the bear
Il marito bacia la moglie	The husband kisses the wife
Riempio la bottiglia con acqua	I fill the bottle with water
Ho un animale, è un topo	I have an animal, it is a mouse
Quali vestiti vuoi?	Which dresses do you want?
Marco vuole un ragno rosa	Marco wants a pink spider
Paghi per il pranzo	You pay for the lunch
No, non stai andando	No, you are not going
Marco dorme, corre Martina	Marco sleeps, Martina runs
Lanciamo un nuovo giornale	We launch a new newspaper
I cani giocano	The dogs play
I bambini non pagano	Kids do not pay
I ragazzi non vanno	The boys do not go
Lei va, io vado	She goes, I go
I ragazzi ascoltano	The boys listen
Noi non paghiamo	We do not pay
L'uomo indica il cavallo	The man points to the horse
Noi prepariamo la salsa	We make sauce
Trovo il cane	I find the dog

TEMPO DI ALLENAMENTO

Conoscere	Know
Trova	Find
Gioco	Game
Campioni	Samples
Piove	It rains
Io so	I know
L'uccello non parla	The bird does not speak
Non tocchi la cipolla	You do not touch the onion
Urlano il tuo nome	They scream your name
Non tocchiamo il pollo	We do not touch the chicken
Gli elefanti vogliono l'acqua	The elephants want water
Il gatto non sente	The cat does not hear
Lei parla, loro parlano	She speaks, they speak
Studiano i libri	They study the books
Noi troviamo cibo	We find food
Il bambino gioca	The child plays
Non lo so	I do not know
Non c'è più sale	There is no salt left
Seguono il loro padre	They follow their father
La donna assaggia il pane	The woman tastes the bread
Mostri la tua cintura	You show your belt
Sogno la mia ragazza	I dream about my girlfriend
Appaiono di notte	They appear at night
Cerco il mio cane	I look for my dog
Presentano la loro famiglia	They present their family

Aiutiamo	We help
Torna indietro!	Go back!
Mia zia è sola	My aunt is alone
Martina chiude la finestra	Martina closes the window
Io sono tra te e lui	I am between you and him
Sono sicuri	They are secure
Siamo a cena	We are at the dinner
Ricordiamo nostra nonna	We remember our grandmother
Cerca il suo gatto	She looks for her cat
Lei chiude la porta	She closes the door
Quale sogno?	Which dream?
penso a te	I think of you
Non danno da mangiare	They do not give food
Il cane aiuta l'uomo	The dog helps the man
Lo chef pesa la carne	The chef weighs the meat
Lei guarda alla finestra	She looks to the window
Viene con la ragazza	He comes with the girl
Provano il riso	They try the rice
Pesa mio figlio	I weigh my son
Mostra le lettere	He shows the letters
Noi guardiamo il menu	We look at the menu
Accetto il divano	I accept the sofa
Io rispetto le donne	I respect women
Lui non accetta	He does not accept
Lei prende il mio zucchero	She takes my sugar

TEMPO DI ALLENAMENTO

Lei visita la sua famiglia	She visits her family
Essi bevono vino	They drink wine
Noi pensiamo di no	We think not
Lei dà acqua	She gives water
Ritorno con il mio cane	I return with my dog
Rispetta sua moglie	He respects his wife
Visita il dottore	He visits the doctor
Lei prende il cappello	She takes the hat
L'orso non entra dalla porta	The bear does not fit through the door
Sì, sembra familiare	Yes, it seems familiar
Lei inizia domani	She starts tomorrow
Lui serve il riso	He serves the rice
Sei stato a Milan?	Have you been to Milan?
Tu non conti	You do not count
Il mese finisce lunedì	The month ends on Monday
Conosci mia figlia	You know my daughter
Le scarpe non si adattano	The shoes dont fit
Inizio domani	I start tomorrow
Sembrano naturali	They seem natural
Lui conta i panini	He counts the sandwiches
Serviamo la cena	We serve the dinner
Firma il libro	He signs the book
Settembre finisce	September ends
La madre incolpa il bambino	The mother blames the child
Lei consegna la lettera	She delivers the letter

TEMPO DI ALLENAMENTO

Cosa prova per lei?	What does he feel for her?
Importano la sua culla	They import his crib
Lui include sua madre	He includes his mother
Entra in cucina	He enters the kitchen
Firmano il libro	They sign the book
Consegno il cibo	I deliver food
No, il colore non è importante	No, the color is not important
Loro includono un vestito diverso	They include a different dress
Importo formaggio	I import cheese
Firmiamo la sua maglietta	We sign his shirt
Mamma, entra per favore	Mom, come in please
Dipende	Depends
Lui dice	He says
Maggio inizia domani	May starts tomorrow
Apriamo il libro	We open the book
Mio marito arriva tardi	My husband arrives late
Ha bisogno di lavoro	It needs work
Io dico si	I say yes
Tu apri la porta	You open the door
Arriviamo domani	We arrive tomorrow
Gli agricoltori dicono che il libro è buono	The farmers say that the book is good
Quando arrivano?	When do they arrive?
Lui richiede più cibo	He requires more food
Quando ritorni?	When do you return?
Non lo compro	I do not buy it

TEMPO DI ALLENAMENTO

Apro il succo	I open the juice
Il pittore dipende da lui	The painter depends on him
Ti piace l'estate?	Do you like summer?
Lui non ne dubita	He does not doubt it
Ritorniamo molto tardi	We return very late
Lei chiede una mela	She asks for an apple
Io salvo il mio vicino	I save my neighbor
Non mi piacciono quei telefoni	I do not like those telephones
Il ragazzo compra un cane	The boy buys a dog
Lei riempie la bottiglia	She fills the bottle
Io dubito, lui dubita	I doubt, he doubts
Salviamo gli animali	We save the animals
Questo autobus si ferma a Jesolo?	Does this bus stop in Jesolo?
Continua il suo documento	He continues his document
Vince venti dollari	He wins twenty dollars
Chiedo a lui	I ask him
Lui mescola la cipolla	He mixes the onion
Ha una macchina rossa	She posesses a red car
Lui non chiede	He does not ask
Sto in strada	I stand on the street
Mescolano succo e latte	They mix juice and milk
Vivo in una città	I live in a city
Continuano	They continue
Tu guadagni un sacco di soldi	You earn a lot of money
Tu chiedi la stessa cosa che faccio io	You ask the same thing as I do

TEMPO DI ALLENAMENTO

Permetti i cani?	Do you allow dogs?
Chi riceve il coniglio?	Who receives the rabbit?
Mi considera un amico	He considers me a friend
Usano lo zucchero	They use sugar
Aggiunge sale alla zuppa	He adds salt to the soup
La macchina vale molto	The car is worth a lot
Dove vivi?	Where do you live?
Il mio compagno lo consente	My partner allows it
Tu usi il computer	You use the computer
Mi considerano un amico	They consider me a friend
Vive in Germania	He lives in Germany
Viviamo qui	We live here
Lui la riconosce	He recognizes her
Spendo soldi	I spend money
Lui non mi capisce	He does not understand me
Lei non mi risponde	She does not answer me
Il panino contiene formaggio	The sandwich contains cheese
Lui batte il suo amico	He beats his friend
Questo interessa molte persone	This interests a lot of people
non capisco	I do not understand
Sconfiggono i loro nemici	They defeat their enemies
Spendo troppo	I spend too much
Tu non mi capisci	You do not understand me
Ho tagliato la mela	I cut the apple
Si prenota un tavolo	You reserve a table

TEMPO DI ALLENAMENTO

Mi riposo	I rest
Io canto	I sing
Io salto	I jump
Io volo	I fly
Io guido	I drive
Guido la macchina	I drive the car
Lo rifiuto	I reject him
Si occupa dei bambini	He deals with the children
Migliora il menu	She improves the menu
Lo osservo	I observe him
Si allunga verso il cappello	He reaches for the hat
Lui mi influenza	He affects me
Cosa ti sta succedendo?	What is happening with you?
Consulto il mio capo	I consult my boss
Voglio un figlio	I want a son
Si riserva il tavolo	He reserves the table
Trascorriamo la giornata insieme	We spend the day together
Perde le sue chiavi	She loses her keys
Io non la penso così	I do not think so
I bambini passano qui	The children go through here
Passo il vino a mia madre	I pass the wine to my mother
Tu riconosci la sua maglietta	You recognize his shirt
Il bicchiere contiene acqua	The glass contains water
Mia figlia desidera un cavallo	My daughter wishes for a horse
Lui osserva sua figlia	He observes his daughter

TEMPO DI ALLENAMENTO

Ora ci prova	Now he tries this
Quanto costa?	How much is it?
Quanto costa la birra?	How much is the beer?
Lui consulta con Andrea	He consults with Andrea
Lascia il cibo a casa mia	He leaves the food at my house
Si esprime bene	He expresses himself well
Hanno apparecchiato il tavolo	They set the table
Lei crea un menu	She creates a menu
Quell'uccello non vola	That bird does not fly
Gli uccelli volano	The birds fly
L'ho messo qui	I put it here
Non perdi mai	You never lose
Non tratta bene Dani	He does not treat Dani well
Io uso la metropolitana di Londra	I use the London Underground
Mi chiamo Carlito	My name is Carlito
Il mese finisce domani	The month ends tomorrow
Lei crede che sia tardi	She believes that it is late
Lui cammina con mia sorella	He walks with my sister
Lui appartiene qui	He belongs here
Non appartieni qui	You do not belong here
Non mi credi	You don't believe me
Mi asciugo la maglietta	I dry the shirt
Lei cammina con il mio amico	She walks with my friend
Cade giù	He falls down
Sollevare la piastra	Lift the plate

TEMPO DI ALLENAMENTO

Sentiamo	Feel
Mia madre usa il forno	My mother uses the oven
Escono tutti i giorni	They go out everyday
Mio figlio non ti odia	My son does not hate you
Si asciuga le scarpe	He dries his shoes
Il dottore mi cura	The doctor cures me
Non ho bisogno delle mie lettere	I do not need my letters
Offrono più soldi	They offer more money
La galleria di tiro	The shooting gallery
Non ho bisogno di più carne	I do not need more meat
Svolta qui	Turn here
Odio il lunedì	I hate Mondays
Si alza alle sette	She gets up at seven
Mi asciugo la maglietta	I dry my shirt
Il treno parte alle nove	The train leaves at nine
Ne ha bisogno	She needs it
Io vado domani	I leave tomorrow
Lei mi offre la sua macchina	She offers me her car
Lui aspetta cinque anni	He waits five years
Scartare il cibo	I discard the food
Abbiamo bisogno di un tavolo	We need a table
Noi decidiamo	We decide
Voi aspettate il pranzo	You wait for lunch
Noi non conosciamo la ragazza	We do not know the girl
Al gatto piace il latte	The cat likes milk

TEMPO DI ALLENAMENTO

MODALITÀ STORIA

INGLESE

Today is the first day of spring. Marco and Gianluca decided to go to the lake bar to see a friend and celebrate the new season. Dani wanted to go with them, but they did not approve of him because he was too young to drink. It was probably the best option, because when they approached the bar, the boys saw a bear walking towards them. If Dani had come, he would have fainted, but the boys were brave and remained perfectly still until he passed. Shortly thereafter, the boys entered the bar and watched an argument.

"Men pay, I dance, I do not pay." Adriana shouted.

"It's not possible to have both, Adriana, we can not pay a salary and still give drinks and food for free." The director of the bar said.

"No problem, we will pay for everything.", said Marco.

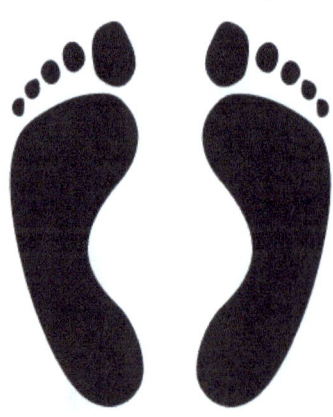

ITALIANO

Oggi è il primo giorno di primavera. Marco e Gianluca hanno deciso di andare al bar del lago per vedere un amico e festeggiare la nuova stagione. Dani voleva andare con loro, ma non lo approvavano perché era troppo giovane per bere. Probabilmente era l'opzione migliore, perché quando si avvicinarono al bar, i ragazzi videro un orso che camminava verso di loro. Se Dani fosse venuto, sarebbe svenuto, ma i ragazzi erano coraggiosi e rimasero perfettamente immobili finché esso passato. Poco dopo, i ragazzi entrarono nel bar e osservarono una discussione.

"Gli uomini pagano, io ballo, non pago." urlò Adriana.

"Non è possibile avere entrambi, Adriana, non possiamo pagare uno stipendio e dare comunque bevande e cibo gratis." Il direttore del bar ha detto.

"Nessun problema, pagheremo per tutto." ha detto Marco.

Capitolo 8

PREPOSIZIONE

Parole chiavi: From, in, to, on.

Loro scrivono alle donne	They write to the women
I ragazzi leggono agli uomini	The boys read to the men
Diamo il pane all'anatra	We give the bread to the duck
Alla ragazza non piace il succo	The girl does not like the juice
Chi viene allo zoo?	Who is coming to the zoo
Loro sono a pranzo	They are at lunch
Siamo a cena	We are at dinner
Penso ad Lisa	I think about Lisa
Io sono allo zoo	I am at the zoo
Lui vive in Messico	He lives in Mexico
Chi crede nei ragazzi?	Who believes in the children?
Loro scrivono su di lei	They write about her
L'olio è nella bottiglie	The oil is in the bottle
Bevo il succo d'arancia	I drink orange juice
Io sono sui giornali	I am in the newspapers
Lui cucina nella cucina	He cooks in the kitchen
Voglio un piatto di riso	I want a plate of rice
Beviamo dai bicchieri	We drink from glasses
Vengo dallo zoo	I come from the zoo
Fino a quando?	Until when?
Il cibo è sul piatto	The food is on the plate
Scrivo sulla ricetta	I write on the recipe
I pesci vivono nell'acqua	Fish live in water
Io vado verso il cavallo	I go towards the horse
È per lei	It is for her

TEMPO DI ALLENAMENTO

La carne viene dagli animali	Meat comes from animals
Il latte viene dalla mucca	The milk comes from the cow
Le forchette sono sui piatti	The forks are on the plates
La formica è sullo zucchero	The ant is on the sugar
Noi crediamo negli uomini	We believe in the men
Secondo il ragazzo, lei non mangia pollo	According to the boy, she does not eat chicken
Viene dal ristorante	She comes from the restaurant
Mettiamo lo zucchero sulle torte	We put sugar on the cakes
Compriamo la frutta dai ragazzi	We buy fruit from the boys
La limonata è nelle bottiglie	The lemonade is in the bottles
Loro sono tra noi	They are between us
Cucino il pesce col sale	I cook fish with salt
Lui ti guarda	He looks at you
L'uovo non è sul piatto	The egg is not on the plate
Io vado verso di lui	I go towards him
Secondo lei non è un pesce	According to her, it is not a fish
La carne viene dall'anatra	The meat comes from the duck
Tranne il vino	Except the wine
Tranne la birra	Except the beer
Ho il piatto dell'uomo	I have the man's plate
Lei mangia l'insalata senz'olio	She eats the salad without oil
Lui ha dei cavalli	He has horses
Noi parliamo di libri	We talk about books
Chiedo a lui	I ask him
Vuoi dello zucchero?	Do you want some sugar?

Noi viviamo lungo l'acqua	We live along the water
Il ragno è sull'animale	The spider is on the animal
I libri vengono dalle donne	The books come from the women
Beviamo il vino durante la cena	We drink the wine during dinner
Compriamo le scarpe nonostante il colore	We buy the shoes despite the color
Mangiamo riso con pollo	We eat rice with chicken
Mangio frutta tranne le mele	I eat fruit, except for apples
Prendi il caffè senza zucchero?	Do you take your coffee without sugar?
Qual è il colore degli stivali?	What is the color of the boots?
Il gatto della ragazza è bianco	The girl's cat is white
La formica è sull'arancia	The ant is on the orange
Le scarpe delle ragazze sono nere	The girls shoes are black
Non è la foorchetta dell'uomo	It is not the man's fork
I cani dei ragazzi bevono acqua	The boys dogs drink water
Mangio una delle tue mele	I eat one of your apples

TEMPO DI ALLENAMENTO

Capitolo 9

DATE E ORA

Parole chiavi: Week, month, year, date, day, summer.

Notte	Night
Giorno	Day
La data	The date
Il calendario	The calendar
Da Luglio a Settembre	From July to September
Aprile finisce oggi	April ends today
Marzo viene tra Febbraio ed Aprile	March comes between February and April
A domani !	See you tomorrow!
Siamo a Gennaio	We are in January
È il pane di ieri	It is yesterday's bread
Ho una cena con lui a Gennaio	I have a dinner with him in January
Ieri gli uomini, oggi le donne	Yesterday the men, today the women
Cosa mangiano a Febbraio	What do they eat in February?
Marzo finisce oggi	March ends today
È Agosto	It is August
È Novembre	It is November
Maggio non finisce oggi	May does not end today
Domani e Giovedi	Tomorrow is Thursday
Scriviamo a loro ad Ottobre	We write to them in October
È Lunedi	It is a Monday
Tu lavori Sábado?	Do you work Saturday?
Oggi è Domenica	Today is Sunday
Oggi è Lunedi	Today is Monday
Oggi è Sabado	Today is Saturday
Muore a Dicembre	He dies in December

TEMPO DI ALLENAMENTO

Il ristorante apre a Giugno	The restaurant opens in June
Mangio la bistecca Venerdì	I eat steak on Friday
Mangiamo il formaggio mercoledi	We eat cheese on Wednesday
Oggi è Venerdì	Today is Friday
La primavera	The spring
L'inverno	The winter
Passo l'estate con lui	I spend the summer with him
Bevo caffè alla mattina	I drink coffee in the morning
I Martedi mangio il formaggio	On Tuesdays I eat cheese
Mangio a mezzogiorno	I eat at noon
Ai cani piace l'autunno	The dogs like the fall
La torta è per domenica	The cake is for Sunday
A Londra è primavera	In London it is spring
Mangio cioccolato al pomeriggio	I eat chocolate in the afternoon
Lavoro di notte	I work at night
Lui lavora fino alla mezzanotte	He works until midnight
Venerdì e sabato sera	Friday and Saturday nights
È tempo di torta	It is time for cake
Dove andiamo stanotte?	Where do we go tonight?
Un momento per favore!	One moment please!
Io lavoro stanotte	I work tonight
Lavoro di notte	I work at night
I minuti e le ore passano	The minutes and the hours pass

Le settimane del mese	The weeks of the month
Martedì è un giorno della settimana	Tuesday is a day of the week

TEMPO DI ALLENAMENTO

Passano i secondi	The seconds pass
È ora di cena	It is dinner time
Hai un minuto?	Do you have a minute?
Non posso aspettare	I can't wait
Beviamo una bottiglia all'ora	We drink one bottle per hour
Un secolo non è un anno	A century is not a year
Fra un mese	In a month
I minuti e le ore passano	The minutes and the hours pass
Il decennio finisce oggi	The decade ends today
La festa è domani	The party is tomorrow
Domani è il mio compleanno	Tomorrow is my birthday
Il periodo finisce ad aprile	The period ends in April
Anni o mesi?	Years or months?
I secoli passano	The centuries pass
Lavorano per decenni	They work for decades
Qual è la data oggi?	What is today's date?
Siete in ritardo stamattina	You are late this morning
È tardi	It is late
A presto!	See you soon!
Io non ho tempo	I do not have time
Un mese fa	One month ago
Lui mangia con noi settimanalmente	He eats with us weekly

Cosa bevi stamattina?	What are you drinking this morning?
La donna ha un calendario	The woman has a calendar
La primavera è una stagione	Spring is a season

TEMPO DI ALLENAMENTO

Minuti e secondi	Minutes and seconds
Le ore del giorno	The hours of the day
Settimane e mesi	Weeks and months
L'alba	The dawn
La stagione	The season
Durante la notte	During the night
Quanti minuti?	How many minutes?
Arriva giovedì	He arrives on Thursday
Dov'è l'inizio?	Where is the beginning?
Agosto e settembre sono mesi dell'anno	August and September are months of the year
Lavoro in quel periodo	I work in that period
Cammino al mattino	I walk in the morning
Che giorno è oggi?	What is the date today?
Vanno ai festival	They go to festivals
Non lavoro il lunedì	I do not work on Mondays
Io non corro in Ottobre	I do not run in October
Un minuto è un istante	A minute is an instant
L'estate è per i giovani	The summer is for the youth
Il suo anniversario è a luglio	Her anniversary is in July
La nascita del secolo	The birth of the century

Quanto è lungo il ciclo?	How long is the cycle?
Le lettere non hanno date	The letters do not have dates
I secondi del giorno	The seconds in the day
L'inverno è lungo	The winter is long
Lunedì, martedì e mercoledì	Monday, Tuesday, and Wednesday

TEMPO DI ALLENAMENTO

Mio figlio Mateo, ha un anno	My son Mateo, is one year old
Ho bisogno di un secondo	I need a second
Il sabato mangiamo carne	On Saturdays, we eat meat
A volte sì e talvolta no	Sometimes yes and sometimes no
Alberto beve birra lunedì, martedì e mercoledì	Alberto drinks beer on Monday, Tuesday, and Wednesday
Non abbiamo una data	We do not have a date
Mia zia Lydia è arrivata ieri	My aunt Lydia came yesterday
Ottobre e Dicembre sono mesi dell'anno	October and December are months of the year
Marzo, aprile, maggio e giugno	March, April, May and June
Mia nonna non corre a febbraio	My grandmother does not run in February
Un venerdì di maggio	One Friday in May
Come oggi	As of today
Scrive a novembre	He writes in November
Non mangio pesce in agosto	I do not eat fish in August

Da settembre a dicembre	From September to December
L'inverno è una stagione	Winter is a season
In un pò mangiamo	In a while we eat
Le parti non sono domani	The parties are not tomorrow
Cammino al mattino	I walk in the morning
La vacanza è in agosto	The vacation is in August
Mangio a mezzogiorno	I eat at noon
Ho un appuntamento con lei oggi	I have an appointment with her today

TEMPO DI ALLENAMENTO

MODALITÀ STORIA

INGLESE

"January, February and March are the best months of my work".

"Why do you say that?"

"Because in January the rains stop completely, and it is easier to clean the earth for construction. The grass is dry and weeds do not grow quickly.

In February, the prices of iron and cement decrease, and I can buy what I need for my work at lower prices. In March, I earn a little more, which helps speed up the work ".

"I see, what happens in the other months?"

"The stones are cheaper in April, the job starts in June and continues until July, the rains come in August and are more intense in September and October, and in December we go back home for the Christmas holidays".

ITALIANO

"Gennaio, Febbraio e Marzo sono i mesi migliori del mio lavoro."

"Perché dici così?"

"Perché a gennaio le piogge si fermano completamente, ed è più facile pulire la terra per la costruzione. L'erba è secca e le erbe infestanti non crescono rapidamente."

"A Febbraio, i prezzi del ferro e del cemento diminuiscono e posso acquistare quello che mi serve per il mio lavoro a prezzi inferiori. A Marzo, guadagno un po 'di più, il che aiuta ad accelerare il lavoro."

"Capisco, cosa succede negli altri mesi?"

"Le pietre sono meno costose ad Aprile, il lavoro inizia a Giugno e continua fino a Luglio, le piogge arrivano ad Agosto e sono più intenso a Settembre e Ottobre, e a Dicembre torniamo a casa per le vacanze di Natale."

11/18/2018

Capitolo 10

FAMIGLIA

Parole chiavi: Father, mother, children, brothers, cousins.

La famiglia	The family
Il padre	The father
La madre	The mother
Figlio	Son
Figlia	Daughter
Bambini	Children
Il fratello	The brother
Sorelle	Sisters
Il nonno	The grandfather
La nonna	The grandmother
Marito	Husband
Il bambino	The baby
Lui e mia madre sono fratelli	He and my mother are siblings
Voglio figli e figlie	I want sons and daughters
Siamo fratello e sorella	We are brother and sister
Mio padre ha un ristorante	My father has a restaurant
I miei genitori mangiano riso	My parents eat rice
Mia figlia vuole un orologio	My daughter wants a watch
Le sorelle di mia madre non mangiano pollo	My mother's sisters do not eat chicken
Loro sono i miei fratelli	They are my brothers
Ho una sorella	I have a sister
I loro bambini bevono latte	Their children drink milk
Ciao nonno!	Hello grandfather!
Noi siamo cugini	We are cousins
Lui non è mio cugino	He is not my cousin

TEMPO DI ALLENAMENTO

La moglie di mio zio è mia zia	The wife of my uncle is my aunt
Siamo marito e moglie	We are husband and wife
Loro sono mogli	They are wives
Andiamo dalla nonna	We go to grandma's
Io mangio con mia zia	I eat with my aunt
Il succo è per mia nonna	The juice is for my grandmother
Mamma, dov'è il papa?	Mom, where is dad?
Abbiamo nomi e cognomi	We have names and surnames
Come scriviamo il suo cognomi?	How do we write her surname?
Sei come tua mamma	You are like your mom
Grazie papà!	Thanks dad!
È come sua mamma	She is like her mom
Qual è il vostro cognome?	What is your surname?
Mia nipote ha un cane	My niece has a dog
Il cane del ragazzo	The boy's dog
Abbiamo un figlio e un gatto	We have a son and a cat
Noi siamo i suoi figli	We are his children
Chi sono i tuoi genitori?	Who are your parents?
Dani non è tuo padre	Dani is not your father
Mio figlio viene dall'Italia	My child is from Italy
Marco e Gianluca sono i miei figli	Marco and Gianluca are my sons
Martina non è mia madre	Martina is not my mother
Andrea non è mio padre	Andrea is not my father
Sì, Alberto è mio marito	Yes, Alberto is my husband

Leonardo è mio fratello	Leonardo is my brother
Sono sua moglie	I am his wife
Sono i miei zii	They are my uncles
Lei è la mia zia	She is my aunt
Lei e mia madre sono sorelle	She and my mother are sisters
Tu sei le nostre mogli	You are our wives
No, non hai bambini	No, you do not have babies
Mia madre è una nonna	My mother is a grandmother
Chico è mio nonno	Chico is my grandfather
Mia nonna è Rosa	My grandmother is Rosa
La mia famiglia è dalla Germania	My family is from Germany
Grazie, nonna	Thank you Grandma
Il cappello blu è per mia nonna	The blue hat is for my grandmother
Lui non è mio cugino	He is not my cousin
Marco e Gianluca sono i miei cugini	Marco and Gianluca are my cousins
Dani è mio cugino	Dani is my cousin
Il cappello bianco non è per mia nonna	The white hat is not for my grandmother
Noi siamo cugini	We are cousins
Alberto e Sonia hanno un bambino	Alberto and Sonia have a baby
Mia moglie è la madre dei miei figli	My wife is the mother of my sons
Dopo averlo detto, se ne andò con sua moglie	After saying that, he left with his wife
La zuppa è per Leonardo	The soup is for Leonardo
È la tua creazione	It is your creation

TEMPO DI ALLENAMENTO

MODALITÀ STORIA

INGLESE

Clarisse: "Your little sister Elena, just sent me a picture on the Instagram app, there are a lot of people and it looks like a great family portrait."

Martina: "Yes, a photographer came to our house today and we took pictures to celebrate my grandfather's birthday."

"On the left are my brother and his wife, they are married and have just returned from their honeymoon, and on the right of them is my father, whom you have met countless times."

"This is the youngest member of the family, my niece Stella. She's just a girl, but she's very pretty."

"This is my mother and my uncle, the lawyer. my grandmother is sitting next to her husband, the celebrant, and on the floor, we have my cousins and my nephew."

Clarisse: "This is a great family photo."

Martina: "I know, I love it."

ITALIANO

Clarisse: "La tua sorellina Elena, mi ha appena inviato una foto sull'app di Instagram, ci sono molte persone e sembra un grande ritratto di famiglia."

Martina: "Sì, un fotografo è venuto a casa nostra oggi e abbiamo fatto delle foto per celebrare il compleanno di mio nonno."

"A sinistra ci sono mio fratello e sua moglie, sono sposati e sono appena tornati dalla loro luna di miele, e sulla destra di loro c'è mio padre, che hai incontrato infinite volte."

"Questo è il membro più giovane della famiglia, mia nipote Stella. È solo una ragazza, ma è molto carina."

"Questa è mia madre e mio zio, l'avvocato. Mia nonna è seduta accanto a suo marito, il celebrante, e sul pavimento, abbiamo i miei cugini e mio nipote."

Clarisse: "Questa è una grande foto di famiglia."

Martina: "Lo so, lo adoro."

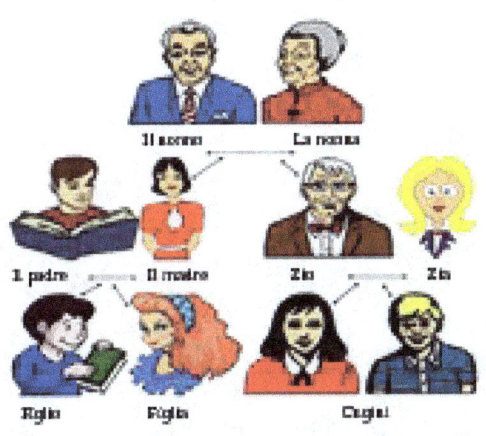

Capitolo 11

COLORI

Parole chiavi: Colored, black, white, red, yellow, blue.

Il colore è verde	The color is green
La maglia è azzura	The sweater is blue
Una camicia colorata	A colored shirt
Compriamo i pantaloni neri	We buy the black pants
La donna ha una cintura marrone	The woman has a brown belt
Le sue calze sono grigie	Her socks are gray
Le scarpe sono azzurre	The shoes are blue
Il colore arancione	The color orange
La lana è viola	The wool is purple
Gli uccelli sono gialli	The birds are yellow
Le mie camicie sono bianche	My shirts are white
Lei ha i pantaloni rossi	She has red pants
Il gatto non è bianco	The cat is not white
Dov'è la mia camicia bianca?	Where is my white shirt?
Il suo vestito è nero	Her dress is black
Il cappotto è rosa	The coat is pink
L'elefante è grigio	The elephant is gray
Non conosco il tuo colore preferito	I do not know your favorite color
Lei indossa pantaloni rossi	She wears red pants
È dello stesso colore	It is the same color
La sua camicetta è verde	Her blouse is green
Mi piacciono le gonne nere	I like black skirts
La lattina è bianca	The can is white
La corda è marrone	The rope is brown
Il guanto viola	The purple glove

TEMPO DI ALLENAMENTO

Capitolo 12

OCCUPAZIONE

Parole chiavi: Work, clown, conductor, captain, architect, mechanic, workers, secretary, researchers, doctor, model, soldier, police.

Lo studente	The student
Il capitano	The captain
La guardia	The guard
L'autore	The author
Lo scrittore	The writer
L'artista	The artist
Il modello	The model
L'autorità	The authority
Il dottore	The doctor
Il soldato	The soldier
Il re	The king
Il principe	The prince
Il contadino	The farmer
L'architetto	The architect
Il ricercatore	The researcher
Il pittore	The painter
I professionisti	The professionals
Il vescovo	The bishop
Il giudice	The judge
L'insegnante	The teacher
Lo scrittore	The writer
Il lettore	The reader
Lo studente	The student
Il rappresentante	The representative
L'imprenditore	The entrepreneur

TEMPO DI ALLENAMENTO

La polizia	The police
Il preside	The headmaster
Lui e l'ingegnere, lei l'architetto	He is the engineer, she is the architect
I contadini lavorano con le mucche ed i polli	the farmers work with cows and chickens
Cosa dice l'ingegnere?	What does the engineer say?
Lei è una pescatrice	She is a fisherwoman
Parla con la guardia	He speaks with the guard
Sei tu il presentatore?	Are you the presenter?
Sei un pagliaccio	You are a clown
Il contadino legge il giornale	The farmer reads the newspaper
I nostri fratelli sono meccanici	Our brothers are mechanics
I poliziotti hanno camicie azzurre	The police officers have blue shirts
Cosa mangia l'idraulico?	What does the plumber eat?
Non siamo uomini di posta	We are not mailmen
Chi è il tuo avvocato?	Who is your lawyer?
Mia sorella è senza lavoro	My sister is without work
Dov'è la direttrice?	Where is the manager?
Chi sono gli operai?	Who are the workers?
Vado dalla dottoressa	I go to the doctor
Il pesce fritto è la tua specialita	Fried fish is your specialty
Mio marito non è il segretario	My husband is not the secretary
Mio marito è un ricercatore	My husband is a researcher
Sei un architetto	You're an architect
Lo scrittore scrive	The writer writes
Sono i capi	They are the leaders

TEMPO DI ALLENAMENTO

La risposta del capitano arriva oggi	The captain's answer arrives today
Il pescatore beve una tazza di caffè	The fisherman drinks a cup of coffee
Tuo padre è un contadino	Your father is a farmer
Mio zio e mia zia sono dottori	My uncle and my aunt are doctors
Mia madre aspetta il postino	My mother waits for the postman
Qual e 'il suo lavoro?	What is her occupation?
Conosco una ricercatrice	I know a researcher
Lei è la mia consigliera	She is my counselor
La risposta è l'occupazione	The answer is employment
Lo spettatore vuole limonata	The viewer wants lemonade
Gli spettatori arrivano giovedì	The spectators arrive on Thursday
Gli specialisti parlano con il re	The specialists speak with the king
Ho bisogno di un avvocato	I need a lawyer
È il portavoce della polizia	He is the police's spokesman
È il capo del secolo	He is the leader of the century
Non sono un giornalista	I am not a journalist
Il colonnello parla con il regista	The colonel speaks with the director
Buona notte, Contessa	Good night, Countess
Sono il rappresentante di Ginevra	I am the representative of Geneva
Gli insegnanti vedono i loro studenti	The teachers see their students
Sono artisti	They are artists
Lei è un'insegnante	She is a teacher
Sei un modello?	Are you a model?

Lui è un uomo d'affari	He is a businessman
Sei dottori	You are doctors

TEMPO DI ALLENAMENTO

L'artista	The artist
Gli studenti mangiano pane	The students eat bread
Il cucchiaio è per i re	The spoon is for the kings
Mia madre e mia zia sono insegnanti	My mother and my aunt are teachers
Lo studente beve acqua	The student drinks water
Egli è uno studente	He is a student
Lo scrittore beve vino	The writer drinks wine
Parla al dottore	He talks to the doctor
Buon giorno, insegnante	Good morning, teacher
Sara e Cristina sono poliziotte	Sara and Cristina are policewomen
L'insegnante mangia un panino	The teacher eats a sandwich
Chi è il pubblico ministero?	Who is the prosecutor?
Sono modelli	They are models
Lui è un segretario	He is a secretary
Siamo insegnanti	We are teachers
Ho bisogno di un dottore	I need a doctor
Gli studenti mangiano il pane	The students eat bread
Quanti capi hai?	How many bosses do you have?
Lei è la mia segretaria	She is my secretary
Fredo è un poliziotto	Fredo is a policeman
Hai una segretaria	You have a secretary

Le regine non bevono birra	Queens do not drink beer
L'insegnante mangia le mele	The teacher eats apples
Lei è il mio capo	She is my boss
Mio zio e mia zia sono dottori	My uncle and my aunt are doctors

TEMPO DI ALLENAMENTO

Il principe	The prince
Il pittore	The painter
Il contadino	The farmer
Il cuoco	The cook
Sono un giornalista	I am a journalist
Lui parla con la guardia	He speaks with the guard
Il poeta scrive una lettera	The poet writes a letter
Mio zio è l'autore del libro	My uncle is the author of the book
Sono un uomo d'affari	I am a businessman
I professori leggono	The professors read
Io non sono il professore	I am not the professor
Patricia è il giudice	Patricia is the judge
Il soldato mangia riso	The soldier eats rice
Sei l'autore?	Are you the author?
Mio padre è un poeta	My dad is a poet
Siamo professori	We are professors
Mio zio è un impiegato	My uncle is an employee
Chi sono i tuoi avvocati?	Who are your lawyers?
Il colonnello parla con i soldati	The colonel talks with the soldiers
No, Pedro non è un attore, è un poeta	No, Pedro is not an actor, he is a poet

Sono artisti	They are artists
Ho un avvocato	I have a lawyer
I suoi dipendenti scrivono	His employees write
Angelo e Dani sono artisti	Angelo and Dani are artists
I cuochi mangiano carne	The cooks eat meat

TEMPO DI ALLENAMENTO

Mia sorella è il mio avvocato	My sister is my lawyer
Sono il proprietario del cane	I am the owner of the dog
Chi è l'agente?	Who is the agent?
Sono specialisti	They are specialists
Il comandante mangia un'arancia	The commander eats an orange
La carne è la loro specialità	Meat is their specialty
Gli artisti e i pittori	The artists and the painters
Il proprietario ha un cavallo	The owner has a horse
Mia madre è una specialista in uccelli	My mother is a specialist in birds
Sì, sono un ingegnere e un falegname	Yes, I am an engineer and a carpenter
Sì, mio zio Salvio è un agente	Yes, my uncle Salvio is an agent
La pratica è importante	Practice is important
Sì, Marco è un fornaio	Yes, Marco is a baker
Lavoro come insegnante	I work as a teacher
Sono scrutatori	They are tellers
Lei è la mia infermiera?	Is she my nurse?

Non è la mia professione	It is not my profession
Paul è un prete	Paul is a priest
Lei è un fornaio	She is a baker
Sono cassieri	They are cashiers
Non sono atleti	They are not athletes
Un prete non beve birra	A priest does not drink beer
La sacerdotessa ha un gatto nero	The priestess has a black cat
Mia figlia è una cameriera	My daughter is a waitress
I preti scrivono libri	The priests write books

TEMPO DI ALLENAMENTO

Operaio	Worker
Idraulico	Plumber
Postino	Mailman
Pagliaccio	Clown
La mia ragazza è un autista	My girlfriend is a driver
Lavoro come cameriere	I work as a waiter
No, mio fratello David non è un falegname	No, my brother David is not a carpenter
Sua moglie è un autista	His spouse is a driver
Gianluca non è un ingegnere, è un infermiere	Gianluca is not an engineer, he is a nurse
Mio zio non è un contadino, è un fornaio	My uncle is not a farmer, he is a baker
Tuo zio non è un'infermiera, è un cuoco	Your uncle is not a nurse, he is a cook
No, Leo e Sofia non sono atleti	No, Leo and Sofia are not athletes
Harry è un ingegnere inglese	Harry is an English engineer

Carlos non è un attore, è uno studente	Carlos is not an actor, he is a student
Parla dei suoi principi	He speaks about his principles
Hai una buona memoria	You have a good memory
Mi ha spiegato i termini	She explained the terms to me
Lavora come postino	He works as a mailman
La segretaria beve un caffè	The secretary drinks a coffee
Mia figlia fa la poliziotta	My daughter is a policewoman
E la nostra specialita	It is our specialty

TEMPO DI ALLENAMENTO

MODALITÀ STORIA

INGLESE

Rodrigo: "Where do your parents work?"

Luca: "My father is a lawyer and my mother is also a lawyer."

Rodrigo: "And your siblings?"

Luca: "My older sister works as a secretary, while my brother is a painter."

Rodrigo: "And you?"

Luca: "I have published two books so far, so I can define myself as an author."

Rodrigo: "Did you want to be something else when you grew up?"

Luca: "I wanted to be a lot of things; a judge, an artist, an actor, an engineer, a chef and even a soldier.
Regarding the latter, I saw many war movies when I was a child and I liked guns and their physique. This was the biggest draw for me. However, my mother did not agree, she wanted me to be a doctor or a professor at the university.
I could not imagine being a student for so long, so I read something else. When I finished school, my first job was as a librarian and then as a driver, and I finally got a job as an agent."

ITALIANO

Rodrigo: "Dove lavorano i tuoi genitori?"

Luca: "Mio padre è un avvocato e mia madre è anche un avvocato."

Rodrigo: "E i tuoi fratelli?"

Luca: "Mia sorella maggiore lavora come segretaria, mentre mio fratello è un pittore."

Rodrigo: "E tu?"

Luca: "Ho pubblicato due libri finora, quindi posso definirmi autore."

Rodrigo: "Volevi essere qualcos'altro quando sei cresciuto?"

Luca: "Volevo essere un sacco di cose: un giudice, un artista, un attore, un ingegnere, uno chef e persino un soldato.

Riguardo a quest'ultimo, ho visto molti film di guerra quando ero un bambino e mi piacevano le pistole e il loro fisico. Questo è stato il più grande sorteggio per me. Tuttavia, mia madre non era d'accordo, voleva che fossi un dottore o un professore all'università.

Non potrei immaginare di essere uno studente per così tanto tempo, quindi leggo qualcos'altro. Quando ho finito la scuola, il mio primo lavoro è stato come bibliotecario e poi come autista, e finalmente ho trovato un lavoro come agente."

Capitolo 13

MISURE

Parole chiavi: Meter, mile, kilometers, kilograms, total.

Profondità	Depth
Altezza	Height
Un chilo	One kilo
Un metro	One meter
La misurazione	The measurement
Lei è piccola e io sono grande	She is little and I am big
Un elefante è un animale enorme	An elephant is an enormous animal
Usiamo un grammo di tè	We use a gram of tea
Ha un pochino di pane	She has a little bit of bread
Quanti centimetri rimangono?	How many centimetres remain?
Prendi le misure	You take the measurements
Sono cavalli piccoli	They are small horses
Leggiamo un pochino	We read a bit
Abbiamo un grammo di zucchero	We have a gram of sugar
Nella prossima stanza	In the next room
Quale animale è piccolo?	Which animal is small?
Aspetto un paio d'ore	I wait a couple of hours
Quanti metri?	How many meters?
Noi usiamo chilometri	We use kilometers
Quanti chilogrammi?	How many kilograms?
Un quarto del totale	A fourth of the total
Sono un po 'affamato	I am a little hungry
Per me è lo stesso	It is all the same to me
Questi sono i lati	These are the sides
Chilometri	Kilometers

TEMPO DI ALLENAMENTO

Quanto è lungo un miglio?	How long is a mile?
Noi guardiamo il totale?	We look at the total
Ho un litro d'olio in cucina	I have a litre of oil in the kitchen
Un caffè doppio, grazie	A double espresso, thanks
Non ho niente in cucina	I have nothing in the kitchen
Il doppio espresso è per lei	The double espresso is for her
Non ho nulla nella mia borsa	I do not have anything in my bag
Ho un po 'di cioccolato bianco	I have a bit of white chocolate
La larghezza della porta è di ottanta centimetri	The width of the door is eighty centimeters
La profondità è importante	The depth is important
Ci sono un migliaio di chili in una tonnellata	There are a thousand kilos in a ton
Vuoi metà della mia mela?	Do you want half of my apple?
Otto è due volte quattro	Eight is two times four
È la dimensione di un uovo	It is the size of an egg
La camicia della donna è larga	The woman's shirt is big
La stanza ha la forma del quadrato	The room has the shape of the square
Quanti chilogrammi di carne prendiamo?	How many kilograms of meat do we get?
Qual è la nuova velocità?	What is the new speed?

La mia cantina contiene tre metri cubi di legna da ardere	My cellar contains three cubic meters of firewood
È un romanzo in due volumi	It is a novel in two volumes
I lati di un quadrato sono uguali	The sides of a square are equal
L'altezza della mia casa è di sette metri	The height of my house is seven metres
L'altezza è uguale alla lunghezza	The height is equal to the length
La camicia non è grande	The shirt is not big
Scriviamo in chilometri	We write in kilometers

TEMPO DI ALLENAMENTO

MEASURES

MODALITÀ STORIA

INGLESE

"How fast does the engine work?" Professor Makkonen, the silver-haired engineer, asked while testing his latest invention on the Eliseu bridge.

"Nine-three square knots." said the assistant, who was holding a large speedometer.

"What are the height and weight requirements for a depth of eight kilometers below sea level?"

"Four tons and ten feet, sir."

"Ok, well, now, how much does it weigh compared to the last?" Professor Makkonen asked.

"It usually depends on its width and the amount of moisture it contains, at which point the two are almost the same, from 64 to 63 pounds." explained the assistant.

"Yes, but it consumes a third of the power of its predecessor and also has a greater total distance: from ninety centimeters to two meters, instead of from fifty centimeters to a meter, so there is a difference." The professor said.

The assistant took the notebook and scribbled a few numbers.

"Maybe we should also increase the length in half, sir, for aerodynamic purposes."

"Exactly, Walter, now let's work." The professor answered.

ITALIANO

"Quanto velocemente funziona il motore?" Chiese il professor Makkonen, l'ingegnere dai capelli d'argento, mentre testava la sua ultima invenzione sul ponte Eliseu.

"Nove-tre nodi quadrati." disse l'assistente, che reggeva un grosso tachimetro.

"Quali sono i requisiti di altezza e peso per una profondità di otto chilometri sotto il livello del mare?"

"Quattro tonnellate e dieci piedi, signore.

"Ok, Ora, quanto pesa in confronto all'ultimo?" Chiese il professor Makkonen.

"Di solito dipende dalla sua larghezza e dalla quantità di umidità che contiene, ea quel punto i due sono quasi gli stessi, da 64 a 63 sterline." ha spiegato l'assistente.

"Sì, ma consuma un terzo della potenza del suo predecessore e ha anche una distanza totale maggiore: da novanta centimetri a due metri, invece che da cinquanta centimetri a un metro, quindi c'è una differenza." Disse il professore.

L'assistente prese il taccuino e scarabocchiò alcuni numeri.

"Orse dovremmo anche aumentare la lunghezza a metà, signore, per scopi aerodinamici."

"Esatto, Walter, ora lavoriamo." Rispose il professore.

Capitolo 14

DOMESTICO

Parole chiavi: Balcony, chair, bed, room, oven, roof, door, soap, door, curtain, desk, toothpaste, bathroom, staircase, window, apartment, wall, bathtub, light.

La casa	The house
Il vetro	The glass
Il coltello	The knife
Il telefono	The telephone
La tazza	The cup
Il cucchiaio	The spoon
La fontana	The fountain
La televisione	The television
Padella	The pan
Il divano	The sofa
La tenda	The curtain
La tavola	The table
La porta	The door
Il tappeto	The carpet
La scrivania	The desk
La sedia	The chair
Il letto	The bed
La cucina	The kitchen
La finestra	The window
La luce	The light
Il tasto	The key
La lampada	The lamp
Lo specchio	The mirror
Il soffitto	The ceiling
Il pavimento	The floor

TEMPO DI ALLENAMENTO

Il muro	The wall
Il forno	The oven
La camera da letto	The bedroom
Il bagno	The bathroom
Il mio lampadario	My chandelier
I tuoi coltelli	Your knives
Il mio telefono è grande	My phone is big
I miei cucchiai sono bianchi	My spoons are white
Ho una vasca da bagno	I have a bathtub
Il gatto è sul tappeto	The cat is on the rug
Sono sul balcone	I am on the balcony
Viviamo in un appartamento	We live in an apartment
Voglio la mia coperta	I want my blanket
Mio figlio vuole un letto verde	My son wants a green bed
I tappeti sono azzurri	The rugs are blue
Mio zio vive in un appartamento	My uncle lives in an apartment
Non ho un tappeto in cucina	I do not have a rug in the kitchen
L'acqua è limpida	The water is clear
Tu prendi il sofa, io prendo il letto	You take the floor, I take the bed
Io uso una sedia	I use a chair
Lui compra una tenda	He buys a tent
Oggi è un giorno limpido	Today is a clear day
I gatti mangiano sul pavimento	The cats eat on the floor
Leggo alla scrivania	I read at the desk
Apri la porta	You open the door

TEMPO DI ALLENAMENTO

Andiamo nella tua tenda	We go in your tent
La torta è nel frigrifero	The cake is in the refridgerator
Dov'è il mobilio?	Where is the furniture?
Non abbiamo riscaldamento	We do not have heating
Io sono al cancello	I am at the gate
Lei non trova le sue chiavi	She does not find her keys
I cavalli sono ai cancelli	The horses are at the gates
La lampada nel bagno è verde	The lamp in the bathroom is green
Non hanno mobili	They do not have furniture
Loro hanno le chiavi	They have the keys
La stanza ha un telefono?	Does the room have a telephone?
Dov'è lo sciampo?	Where is the shampoo?
Compriamo cuscini bianchi	We buy white pillows
Gli sciampi sono nel bagno	The shampoos are in the bathroom
La casa con il tetto rosso è di mio zio	The house with the red roof is my uncle's
Dove sono gli specchi?	Where are the mirrors?
Ho un cuscino per il letto	I have a pillow for the bed
Quanti telefoni hai?	How many telephones do you have?
Hai una scala?	Do you have a ladder?
Il sapone è sulla vasca da bagno	The soap is on the bathtub
Voglio un divano	I want a couch
La cucina è tua	The kitchen is yours
I muri sono rossi	The walls are red
Apriamo le finestre	We open the windows
L'entrata e bianca	The entrance is white

TEMPO DI ALLENAMENTO

I giocattoli sono sul tappeto	The toys are on the carpet
Perché non troviamo un giocattolo per tuo figlio?	Why don't we find a toy for your son?
La tua famiglia è al tavola	Your family is at the table
Il pane è nel forno	The bread is in the oven
Mia madre è nella doccia	My mother is in the shower
Mia madre è in cucina	My mother is in the kitchen
Le finestre sono nere	The windows are black
I gatti sono sui divani	The cats are on the couches
Aspettiamo nel cortile	We wait in the courtyard
Dov'è il dentifricio?	Where is the toothpaste?
Dove sono le lenzuola?	Where are the bedsheets?
Quale rasoio è mio?	Which razor is mine?
Avete spazzolini?	Do you have toothbrushes?
Ho delle seggiole rosse	I have some red chairs
Hai una spugna?	Do you have a sponge?
Prendo il mio spazzolino	I take my toothbrush
La sua seggiola	His chair
Ha un telefono rosso	He has a red telephone
Lorenzo mangia al tavolo	Lorenzo eats at the table
Non abbiamo tazze!	We do not have cups!
Luca dorme nel letto	Luca sleeps in the bed
Ho la tua tv	I have your tv
In cucina	In the kitchen
Una tazza di latte	One cup of milk
Le mura	The walls

TEMPO DI ALLENAMENTO

Il lenzuolo	The bed sheet
Qual è la mia finestra?	Which one is my window?
Il bambino dorme nella culla	The baby sleeps in the crib
L'ingegnere compra uno strumento	The engineer buys a tool
No, il letto non è di Valentino	No, the bed is not Valentino's
La piscina non ha acqua	The pool does not have water
Emilio legge sulla sedia	Emilio reads in the chair
Prendo degli asciugamani	I take some towels
Non trovo il mio spazzolino	I cannot find my toothbrush
Pulisci la tua stanza	Clean your room
La scrivania appartiene a Angelo	The desk belongs to Angelo
È la tua scrivania	It is your desk
Ho una spugna gialla	I have a yellow sponge
Ho soldi nella mia scrivania	I have money in my desk
Hai una spugna?	Do you have a sponge?
Vedo la spugna in cucina	I see the sponge in the kitchen
Ho il mio portafoglio	I have my wallet
Ho letto nel seminterrato	I read in the basement
La scala è rossa	The ladder is red
Vedo un uccello sul tetto	I see a bird on the roof
Non ho un essiccatore	I do not have a dryer
Il mio pennello è giallo	My brush is yellow
Le pareti sono rosse	The walls are red
È la mia stanza?	Is it my room?
Hai un rasoio?	Do you have a razor?

TEMPO DI ALLENAMENTO

Io mangio nella mia camera da letto	I eat in my bedroom
Non ho un frigorifero	I do not have a refridgerator
Alberto pulisce il bagno	Alberto cleans the bathroom
Abbiamo un essiccatore	We have a dryer
La lavatrice	The washing machine
Non ho una lavatrice	I do not have a washing machine
Sandro dorme su una sedia?	Does Sandro sleep on a chair?
Moya cucina pollo al forno	Moya cooks chicken in the oven
Vuole una lavatrice	He wants a washing machine
Vuoi una spugna per la tua cucina?	Do you want a sponge for your kitchen?
Ho bisogno di sapone	I need soap
Gli ombrelli non sono nostri	The umbrellas are not ours
I fogli sono gialli	The sheets are yellow
Abbiamo dei saponi gialli?	Do we have yellow soaps?
Sara mangia il sapone!	Sara eats soap!
Il rasoio è blu	The razor is blue
Riempio la tazza con acqua	I fill up the cup with water
I colori sono naturali	The colors are natural
I giornali sono recenti	The newspapers are recent
Sono ricco	I am rich
L'ora successiva	The next hour
Il tè è naturale	The tea is natural
È una settimana storica	It is a historic week
Chi è il prossimo?	Who is next?
Il giornale è recente?	Is the newspaper recent?

TEMPO DI ALLENAMENTO

MODALITÀ STORIA

INGLESE

Hererra: "What are you doing in the cellar?"

Solange: "I'm looking for my phone."

Hererra: "Have you checked behind this wall? I saw you standing by the window some time ago."

Solange: "I checked everywhere, inside the washing machine, on the table, everywhere."

Hererra: "Where did you last see it?"

Solange: "On top of a folded sheet in my room."

Hererra: "Try to remember your way from there."

Solange: "Well, I was cleaning the bathroom mirror when my father called. The call ended and I went to change the lamp from the ceiling of my room, then I remembered it was going to rain and I needed to clean the pool, so I checked the inside of the closet for an umbrella and some soap.

After that, I went back to the kitchen and opened the fridge for some juice. I left the phone near a cup and some dishes. There was also a knife on the kitchen table. I finished the glass of juice before returning to the room, where I decided to take a nap. This is what I remember."

Hererra: "Let's go back to the bedroom."

ITALIANO

Hererra: "Cosa stai facendo in cantina?"

Solange: "Sto cercando il mio telefono."

Hererra: "Hai controllato dietro questo muro? Ti ho visto in piedi vicino alla finestra qualche tempo fa."

Solange: "Ho controllato ovunque, all'interno della lavatrice, sul tavolo, dappertutto."

Hererra: "Dove l'hai visto l'ultima volta?"

Solange: "In cima a un foglio piegato nella mia stanza."

Hererra: "Cerca di ricordare la tua strada da lì."

Solange: "Beh, stavo pulendo lo specchio del bagno quando mio padre ha chiamato. La chiamata finì e io andai a cambiare la lampada dal soffitto della mia stanza, poi ricordai che stava per piovere e avevo bisogno di pulire la piscina, quindi controllai l'interno dell'armadio per un ombrello e del sapone.

Dopo di ciò, tornai in cucina e aprii il frigo per un po' di succo. Ho lasciato il telefono vicino a una tazza e alcuni piatti. C'era anche un coltello sul tavolo della cucina. Ho finito il bicchiere di succo prima di tornare in camera, dove ho deciso di fare un pisolino. Questo è quello che ricordo."

Hererra: "Torniamo in camera da letto."

Capitolo 15

AGGETTIVI

Parole chiavi: Strong, full, free, strange, long, old, new, good,.

Ancora?	Again?
L'ultimo	The last
Il freddo	The cold
Non é lo stesso	It is not the same
La donna é bella	The woman is pretty
Lei non é vecchia	She is not old
È possibile per lei	It is possible for her
La loro divisa è nuova	Their uniform is new
La sua risposta è diversa dalla mia	His answer is different from mine
È lo stesso	It is the same
Lui chiede l'impossibile	He asks the impossible
Fai la brava ragazza!	Be a good girl!
I color nazionali sono verde e giallo	The national colors are green and yellow
Sono alte?	Are they tall?
È una buona torta	It is a good cake
Io sono basso	I am short
Non siamo internazionali	We are not international
Non è caro	It is not expensive
Mia sorella è famosa	My sister is famous
La scrittrice non è famosa	The writer is not famous
I nostri dentifricio è economico	Our toothpaste is cheap
La borsa è gratuita	The bag is free
Sono libera oggi	I am free today
So che sei ricca	I know that you are rich
Avete una birra straniera?	Do you have a foreign beer?

TEMPO DI ALLENAMENTO

È il mio pane quotidiano	It is my daily bread
Lei è una madre moderna	She is a modern mother
Ho una griglia elettrica	I have an electric grill
Lei è popolare	She is popular
Cos è importante per lui?	What is important for him?
Il cavallo è un animale utile	The horse is a useful animal
È una domanda aperta	It is an open question
Sei interessata?	Are you interested?
Siamo perfetti?	Are we perfect?
Sei figlio unico?	Are you an only child?
Io sono capace	I am capable
Le melle rosse non sono speciali	The red apples are not special
Lui ha un costume interesante	He has an interesting costume
Sua cugina ha un lavoro interessante	Your cousin has an interesting job
Tu tieni la finestra chiusa	You keep the window closed
Non sei l'unico	You are not the only one
Lei è forte	She is strong
Non siamo difficili	We are not difficult
La zuppa ai funghi ha un gusto strano	The mushroom soup has a strange taste
Mia nonna vive da sola	My grandmother lives alone
Lo squalo è pericoloso	The shark is dangerous
Mio figlio è grosso	My son is big
Io prendo I miei stivali pesanti	I bring my heavy boots

Le notti sono lunghe	The nights are long
Il prossimo caffè è tuo	The next coffee is yours

TEMPO DI ALLENAMENTO

Per lei è facile	For her it is easy
Sono piena	I am full
Mangio un pollo intero	I eat a whole chicken
Lei è dura con loro	She is tough with them
Il mio vestito corto è azzurro e bianco	My short dress is white and blue
È un giornale normale	It is a normal newspaper
È vero	It is true
La colazione è pronta	The breakfast is ready
Io sono sicuro	I am sure
La tua risposta è giusta	Your answer is correct
Lui è un uomo comune	He is a common man
Decidiamo perché siamo certi	We decide because we are certain
La tua risposta non è chiara	Your answer is not clear
Il nostro tempo è breve	Our time is brief
La zuppa diventa fredda	The soup is getting cold
Lei è giovane ed io sono vecchio	She is young and I am old
Fa caldo oggi	It is hot today
Febbraio è un mese corto	February is a short month
Hanno panini caldi?	Do they have hot sandwiches?
La sua domanda è difficile	Her question is difficult

È uno studente eccellente	He is an excellent student
Lei dorme in una stanza vuota	She sleeps in an empty room
La tenda è sporca	The curtain is dirty
Un giornale culturale	A cultural newspaper
Lui è grande e forte	He is big and strong

TEMPO DI ALLENAMENTO

Siamo umani	We are human
La cucina non è sicura	The kitchen is not safe
Siamo alti e forti	We are tall and strong
Ho abbastanza vestiti	I have enough clothes
Lui è peggio	He is worse
Ho bisogno di vestiti asciutti	I need dry clothes
È facile	It is easy
Un po 'di succo per favore	Some juice please
Lu parla veloce	He talks fast
Non sono straniero	I am not a foreigner
La coperta è sottile	The blanket is thin
Hanno pochi libri	They have few books
È un uomo di poche parole	He is a man of few words
Le tende sono sottili	The curtains are thin
A mia figlia piace la pasta sottile	My daughter likes thin pasta
Ho pochi libri	I have few books
Beviamo rapidamente	We drink rapidly
Il pavimento è sporco	The floor is dirty
Il suo shampoo è costoso	Her shampoo is expensive
Non siamo difficili	We are not difficult

Ha le tasche vuote	He has empty pockets
Abbiamo una stanza libera	We have a vacant room
No, è semplice	No, it is simple
Penso che sia impossibile	I think it is impossible
Ho letto un giornale nazionale	I read a national newspaper

TEMPO DI ALLENAMENTO

È un chimico industriale	He is an industrial chemist
Lui non è famoso	He is not famíliar
I colori nazionali sono verdi e gialli	The national colors are green and yellow
La sua cucina è industriale	Her kitchen is industrial
Sì, è semplice	Yes, it is simple
Sono poveri	They are poor
Lei è sincera	She is frank
Qual è il periodo storico?	What is the historical period?
La limonata è naturale	The lemonade is natural
Non sono responsabili	They are not responsible
Il muro è permanente	The wall is permanent
Perché sono un uomo cattivo	Because I am a bad man
Sono povero	I am poor
È una settimana storica	It is a historical week
Non sono naturali	They are not natural
Sei sincero	You are frank

Noi non siamo responsabili	We are not responsible
Il succo è naturale	The juice is natural
Lui è povero	He is poor
Ho una bella papera	I have a beautiful duck
Sono dei bravi studenti	They are good students
Mangiano dallo stesso piatto	They eat from the same plate
Fai un buon lavoro	You do good work
Sei bilingue	You are bilingual
Il vestito è carino	The dress is pretty

TEMPO DI ALLENAMENTO

Sono giovani uomini	They are young men
Lei ha le stesse tazze	She has the same cups
Lei è un vecchio giudice	She is an old judge
Buona domanda	Good question
La stessa zuppa	The same soup
Le mele sono buone	The apples are good
È utile?	Is it helpful?
È un nuovo libro	It is a new book
Sei migliore di me	You are better than me
Le lampade sono brutte	The lamps are ugly
Il mio fratellino	My younger brother
Sono più vecchio di mia sorella	I am older than my sister
No, tu sei il primo	No, you are the first
Non siamo nuovi	We are not new
Abbiamo il meglio	We have the best
Siamo i fratelli più grandi	We are the older siblings
È brutto?	Is he ugly?

Vuoi dei vestiti nuovi?	Do you want new clothing?
Si è vero	Yes, it is true
Sei una persona positiva	You are a positive person
Noi siamo gli ultimi	We are the last
Sì, sono reali	Yes, they are real
Non è possibile	It is not possible
Sì, è importante	Yes, it is important
È il momento finale	It is the final moment

TEMPO DI ALLENAMENTO

Non sei reale!	You are not real!
I miei fratelli sono importanti	My brothers are important
Lui è un capo positivo	He is a positive boss
L'ultima notte è lunga	The last night is long
Domani è il mio ultimo giorno	Tomorrow is my last day
È difficile	It is hard
Le scarpe sono necessarie	The shoes are necessary
È una festa pubblica	It is a public party
L'autore cammina da solo	The author walks alone
Sei popolare con i bambini	You are popular with the children
Tu ed io siamo diversi	You and I are different
È il mio telefono personale	It is my personal telephone
Cammina da solo	He walks alone
Un bagno pubblico	A public bathroom
Non siamo popolari	We are not popular
No, non sono necessari	No, they are not necessary

Il piatto è duro	The plate is hard
Sono lavoratori pubblici	They are public workers
Siamo alti e forti	We are tall and strong
I colori principali	The main colors
Lui è un uomo capace	He is an able man
Gli animali sono distinti	The animals are distinct
Guardo la televisione locale	I watch local television
È sicuro	It is safe
La porta principale	The main door

TEMPO DI ALLENAMENTO

Lei è una persona forte	She is a strong person
Siamo diversi	We are different
Lei è la tua unica sorella	She is your only sister
Non è abbastanza	It is not enough
Le settimane seguenti	The following weeks
È un attore professionista	He is a professional actor
Mio figlio	My own son
Lei è peggio di me	She is worse than me
Cosa è impossibile?	What is impossible?
Il vestito è semplice	The dress is simple
Ho i miei cani	I have my own dogs
Non siamo attori professionisti	We are not professional actors
Hanno le loro feste	They have their own parties
È cattivo	He is bad
Sono normale	I am normal
Non sono responsabili	They are not responsible

Non leggo tanti libri	I do not read as many books
È una notte limpida	It is a clear night
Sei responsabile	You are responsible
Lei è una cattiva studentessa	She is a bad student
È giusto	It is fair
I tuoi genitori sono ricchi	Your parents are rich
Ho uno specchio piatto	I have a flat mirror
Siamo il prossimo	We are the next
È un minuto storico	It is a historic minute

TEMPO DI ALLENAMENTO

MODALITÀ STORIA

INGLESE

"Alvaro, let's play a game called 'objective statements.'

The goal of the game is to make a statement using the word 'but' in five seconds, or drink from this bottle. I will start."

"He's sick, but the room is clean."

Rebecca: "The book is strange but special."

Alvaro: "The bottle is big, but the price is regular."

Rebecca: "It's old, but it's free to download."

Alvaro: "The powder is dark, but pure."

Rebecca: "Five is the minimum, but I have four."

Alvaro: "The maps are similar, but I'm lost."

Rebecca: "These shoes are good but not original."

Alvaro: "These bags are classic, but not superior."

Rebecca: "The car is dirty, but it's perfect."

Alvaro: "It's brilliant, but not famous."

Rebecca: "It's more difficult, but convenient."

Rebecca: "My boyfriend is sweet but also terrible."

ITALIANO

"Alvaro, facciamo un gioco chiamato 'dichiarazioni obiettive'. L'obiettivo del gioco è fare una dichiarazione usando la parola 'ma' in cinque secondi, o bere da questa bottiglia. Inizierò."

"È malato, ma la stanza è pulita."

Rebecca: "Il libro è strano ma speciale."

Alvaro: "La bottiglia è grande, ma il prezzo è regolare."

Rebecca: "È vecchio, ma è scaricabile gratuitamente."

Alvaro: "La polvere è scura, ma pura."

Rebecca: "Cinque è il minimo, ma io ho quattro"

Alvaro: "Le mappe sono simili, ma io sono perso."

Rebecca: "Queste scarpe sono buone ma non originali."

Alvaro: "Queste borse sono classiche, ma non superiori."

Rebecca: "La macchina è sporca, ma è perfetta."

Alvaro: "È brillante, ma non famosa."

Rebecca: "È più difficile, ma conveniente."

Rebecca: "Il mio ragazzo è dolce ma anche terribile."

Capitolo 16

DETERMINATORI

Parole chiavi: These, too, this, certain, all, other.

I nuovi	The new ones
Il lavoro	The work
L'attività	The activity
La possibilità	The possibility
Lei ha troppi gatti	She has too many cats
Tutte le donne sono qui	All the women are here
Un'ape non è una farfalla	A bee is not a butterfly
Questo libro è troppo caro	This book is too expensive
Questo tè è molto buono	This tea is very good
Abbiamo uno specchio rosso	We have a red mirror
Queste borse sono rosse	These bags are red
Questa carota è dolce	This carrot is sweet
Questi libri sono nuovi	These books are new
Quest'automobile è come nuova	This automobile is like new
Quei due idraulici sono cugini	Those two plumbers are cousins
Quella persona non è mio marito	That person is not my husband
Lei non ci sta in quella macchina	She does not fit in that car
Quel castello è bianco	That castle is white
Conosci quell'albergo	Do you know that hotel?
Conosco quelle donne	I know those women
Tutto il villagio cucina	The whole village cooks
Lei lavora tutta la notte	She works all night
Ho parecchio olio	I have a lot of oil

Non ho nessun amico	I have no friends

TEMPO DI ALLENAMENTO

Vi ricordate quegli anni?	Do you remember those years?
Lui beve una bottiglia di latte ogni mattina	He drinks a bottle of milk every morning
Leggo alcuni giornali	I read several newspapers
A me non piacciono quei telefoni	I do not like those phones
Quelle camicie sono troppo piccolo per lui	Those shirts are too small for him
Ci sono alcune maglie nella stanza	There are several shirts in the room
Ci sono alcuni ragazzi nel parco	There are several boys in the park
Diverse donne chiamano ogni giorno	Various women call every day
Ci sono diversi animali allo zoo	There are various animals at the zoo
Non voglio nessuna festa per il mio matrimonio	I do not want any parties for my wedding
Il cameriere lavora in un altro bar	The waiter works in another bar
Certe cose cambiano col tempo	Certain things change with time
Certa gente non lavora come lui	Certain people don't work like him
Conosci qualche negozio buono?	Do you know some good stores?
Con certa gente non lavoro	I do not work with certain people
Troppe cose non sono chiare	Too many things are not clear
Lui beve troppo alcol	He drinks too much alcohol
Lui beve troppa birra	He drinks too much beer

Certi individui non mangiano la verdura	Certain individuals do not eat vegetables
Sappiamo parecchie cose	We know many things
Ci sono troppe persone nel parco	There are too many people in the park
Alcune donne sono più belle	Some women are more beautiful
Vediamo tutti gli animali allo zoo	We see all the animals at the zoo
Abbiamo parechi milioni	We have several millions
Tutta la famiglia lavora nella fattoria	The whole family works on the farm
Vi ricordate quegli anni?	I want whichever vegetable
Lui beve una bottiglia di latte ogni mattina	Any seat will do
Leggo alcuni giornali	You know, I do not have any family
A me non piacciono quei telefoni	They have another son
Quelle camicie sono troppo piccolo per lui	I love him and my whole family
Ci sono alcune maglie nella stanza	Do you want another cup of tea?
Ci sono alcuni ragazzi nel parco	These apples are big
Diverse donne chiamano ogni giorno	Some women drink green tea
Ci sono diversi animali allo zoo	Why do those men look at you?
Non voglio nessuna festa per il mio matrimonio	I prefer that black one
Il cameriere lavora in un altro bar	Whose glasses are these?
Certe cose cambiano col tempo	She has too many boyfriends

TEMPO DI ALLENAMENTO

MODALITÀ STORIA

INGLESE

Carlos: "How many windows are there in this house? Everyone says it's eight, but I do not agree."

Matias: "My bathroom has no windows, so there are seven in total."

Carlos: "And the house in Valencia? How many in total?"

Matias: "Four."

Carlos: "Four? Considering the size of the rooms, you need a lot of ventilation."

Matias: "Some windows are very expensive, which makes it difficult to buy more than seven."

Carlos: "If you have your phone, you should take a look at some of the images on my site, each of which costs less than seventy dollars, I think they are accessible and of equal quality with that other brand."

searches the Internet

Matias: "These windows are beautiful, especially the two in the upper left corner, I like both."

Carlos: "I knew you would like it. And since I want you to be my first customer this month, I offer a 5% discount if you can afford both."

Matias: "Yes, I can, can I have your phone number?"

ITALIANO

Carlos: "Quante finestre ci sono in questa casa? Tutti dicono che sono otto, ma non sono d'accordo."

Matias: "Il mio bagno non ha finestre, quindi ce ne sono sette in totale."

Carlos: "E la casa a Valencia? Quanti ne hai in totale? "

Matias: "Quattro."

Carlos: "Quattro? Considerando le dimensioni delle stanze, hai bisogno di molta ventilazione."

Matias: "Alcune finestre sono molto costose, il che rende difficile l'acquisto di più di sette."

Carlos: "Se hai il tuo telefono, dovresti dare un'occhiata ad alcune delle immagini sul mio sito, ognuna delle quali costa meno di settanta dollari, penso che siano accessibili e di pari qualità con quell'altra marca."

Ricerche su Internet

Matias: "Queste finestre sono belle, specialmente le due nell'angolo in alto a sinistra, mi piacciono entrambe."

Carlos: "Sapevo che ti sarebbe piaciuto. E visto che voglio che tu sia il mio primo cliente questo mese, offro uno sconto del 5% se puoi permetterti entrambi."

Matias: "Sì, posso, posso avere il tuo numero di telefono?"

Capitolo 17

AVVERBI

Parole chiavi: Much, little, much, above, below, everywhere, only, immediately, then, also, again, truly.

Va bene	Okay
Quasi	Almost
Lui mangia molto	He eats a lot
Sei così forte	You're so strong
Di dove sono?	Where are they from?
E molto caro	It is very expensive
So da dove viene lui	I know where he comes from
Quanto pesa la tua borsa?	How heavy is your bag?
Lei viene da li?	Do you come from there?
Non è molto caro	It is not very expensive
Lavoro tanto in settimana	I work a lot during the week
Vivono li	They live there
Sappiamo poco di lui	We know little about him
Il ragno è sotto il formaggo ?	Is the spider under the cheese?
L'uccello è sopra lo zoo	The bird is above the zoo
Siamo fuori il ristorante	We are outside the restaurant
Per oltre un decennio	For over a decade
Io aspetto fuori	I wait outside
La primavera è qua	Spring is here
Vanno dentro con lei	They go inside with her
Lei guarda intorno	She looks around

Vado fuori dopo cena	I go out after dinner
Poi arrivano le donne	Then the women arrive
Tu sei qui con noi	You are here with us
E poi?	And then?

TEMPO DI ALLENAMENTO

Anche io	Me too
Io mangio quando voglio	I eat when I want
Sabato viene prima di domenica	Saturday comes before sunday
Voi mangiate quanto volete	You eat as much as you want
L'appartamento del postino è qui	The mailman's apartment is here
Scrivi spesso ai tuoi genitori	Do you write to your parents often?
La primavera viene dopo l'inverno	Spring comes after winter
Tua sorella è bella come sempre	Your sister is beautiful as ever
Ma madre sta meglio	My mother is better
Bene, grazie	Fine, thank you
Sono davvero spiacente	I am really sorry
Grazie, stanno benissimo	Thank you, they are very well
Mio fratello non beve mai	My brother never drinks
Io sto bene	I am fine
Vai ovunque vuoi	Go anywhere you want
Non troppo dolce	Not too sweet
Vengono anche loro?	Do they come too?

E quasi mezzogiorno	It is almost noon
Sei solo?	Are you alone?
Non mangio troppo	I do not eat too much
Io arrivo subito	I arrive right away
Io non sono veramente sicuro	I am not really sure
Pure loro vivono qui	They also live here
Ovviamente, la frutta è dolce	Obviously, fruit is sweet
Allora perché sono qui?	Then why are they here?

TEMPO DI ALLENAMENTO

Gli idraulici sono ancora qui?	Are the plumbers still here?
È assolutamente impossibile	It is absolutely impossible
Lui è ancora qui	He is still here
È completamente verde	It is completely green
Appena in tempo	Just in time
Il cavallo è ancora giovane	The horse is still young
È cosi ovunque	It is like this everywhere
Siamo già a giugno	We are already in June
Hai già figli?	Do you have children already?
È piuttosto interessante	It is pretty interesting
Le date tuttavia non sono certe	The dates are not certain however
Almeno mangiano a tavola	At least they eat at the table

Non mangio carne, pero mangio pesce	I do not eat meat, but I eat fish
Comunque non è importante	Anyway, it is not important
È già Venerdì?	Is it Friday already?
C'è un gatto	There is a cat
Sei proprio come tua madre	You are just like your mother
Andiamo stesso	We are going now
Perché non abbiamo neanche una forchetta?	Why do we not have even one fork?
Io scrivo circa un libro all'anno	I write approximately a book per year
Andiamo insieme?	Do we go together?
C'è una mela sul tavolo	There is an apple on the table
È soltanto un topo	It is just a mouse
Parlo sopratutto di loro	I speak mainly of them
Oggi sono certo	Today, I am sure

TEMPO DI ALLENAMENTO

Molto lontano	Very far
Generalmente	Generally
No, attualmente no	No, currently no
Finalmente è arrivato	It is finally here
Arrivederci	See you later
A presto	See you soon
Certo, è proprio lui	Of course, it is really him
Sono certo della risposta	I am certain of the answer
Marzo forse, ma non Aprile	March perhaps, but not April

Forse è un biscotto al cioccolato	Maybe it is a chocolate cookie
Forse lei cucina la cena	Maybe she cooks dinner
Forse è vero	Maybe it is true
Lei è là	She is there
In generale, è bianco	In general, it is white
Scrivi appositamente per noi	You write especially for us
Finalmente è venerdì	Finally, it is Friday
Dormi molto?	Do you sleep a lot?
Sei semplicemente bello	You are simply beautiful
Mia sorella non beve mai	My sister never drinks
È totalmente normale	It is totally normal
Ho solo una scarpa	I only have one shoe
Lei va in giro	She walks around
Parla molto bene	He speaks really well
Mio fratello non beve mai	My brother never drinks
Questo è completamente diverso!	This is totally different!

TEMPO DI ALLENAMENTO

Completamente	Completely
Decisamente	Definitely
Esattamente!	Exactly!
Non faccio mai il bagno	I never swim
Sei veramente una brava persona	You truly are a good person
Sì, vado immediatamente	Yes, I go immediately

Forse è troppo	Maybe it is too much
Allo stesso modo, arrivederci	Likewise, goodbye
Probabilmente arriva oggi	He probably arrives today
Sotto il tavolo	Below the table
Andiamo avanti	We go forward
Sei praticamente mio fratello	You are practically my brother
Grazie, dottore, allo stesso modo	Thank you, doctor, likewise
Forse è possibile	Perhaps it is possible
Il mio gatto dorme sotto il divano	My cat sleeps under the sofa
Il maiale è sotto il tavolo	The pig is below the table
Sono ugualmente responsabili	They are equally responsible
Arrivano immediatamente	They arrive immediately
Mangia solo pasta	He only eats pasta
È perfettamente possibile	It is perfectly possible
Lei mangia principalmente zucchero	She eats mainly sugar
È di nuovo solo	He is alone again
Sì, molto recentemente	Yes, very recently
È completamente verde	It is completely green
Lei mangia solo frutta	She only eats fruit

TEMPO DI ALLENAMENTO

Siamo approssimativamente qui	We are approximately here
È principalmente zucchero	It is mainly sugar
Sei perfettamente capace	You are perfectly capable
Abbiamo parlato di recente	We talked recently
Più giovane, naturalmente	Younger, naturally
Beviamo rapidamente	We drink quickly
È sicuramente il mio elefante	It is surely my elephant
Un cavallo corre rapidamente	A horse runs rapidly
Cosa sono esattamente?	What are they exactly?
Ne sono assolutamente sicuro	I am absolutely sure
Sì, sei decisamente meglio	Yes, you are definitely better
Sicuramente è succo	Surely it is juice
Mercoledì, normalmente	Wednesday, normally
Cammina lentamente	He walks slowly
Non necessariamente	Not necessarily
Lei legge facilmente	She reads easily
Forse è peggio	It is possibly worse
Suo figlio parla a malapena	His son hardly speaks
È relativamente nuovo	It is relatively new
Mangia lentamente	He eats slowly
Normalmente, ci vogliono anni	Normally, it takes years
La settimana scorsa	The past week
Il frigo è economico	The fridge is cheap
Sei appena un ragazzo	You are barely a boy

TEMPO DI ALLENAMENTO

MODALITÀ STORIA

INGLESE

"Finally, it's Friday, will you still come to the club?" said Niko.

"Possibly." she answered.

"You'll miss if you do not go in. There will also be drinks and celebrities."

"It all depends on my sister, if she leaves, I'll go. Until then, I'm undecided." she replied.

"You have to decide now; the VIP section is one of the best in the world." Niko continued.

"I'm still undecided." she replied.

"It may be too late if you finally change your mind, and you'll never have a chance to see your favorite artist again." Niko said.

"All right, I'm going." she replied.

"I'll book it for you right away." said Niko.

ITALIANO

"Finalmente, è venerdì, verrai ancora al club?" ha detto Niko.

"Possibilmente." Lei rispose.

"Ti mancherai se non entri. Ci saranno anche bevande e celebrità."

"Dipende tutto da mia sorella, se lei se ne va, io entrerò. Fino ad allora, sono indeciso." rispose lei.

"Devi decidere adesso, la sezione VIP è una delle migliori al mondo." Niko continuò.

"Sono ancora indeciso." rispose lei.

"Potrebbe essere troppo tardi se finalmente cambi idea, e non avrai mai più la possibilità di vedere il tuo artista preferito di nuovo." ha detto Niko.

"Va bene, vado." rispose lei.

"Lo prenoterò subito per te." ha detto Niko.

Capitolo 18

OGGETTI

Parole chiavi: Car, object, machine, box, comb, brush, gifts, wheel, ball, thing, glasses.

Il motore	The motor
La penna	The pen
La mappa	The map
La bottiglia	The bottle
Il computer	The computer
Il treno	The train
La bicicletta	The bicycle
La palla	The ball
Il tasto	The key
Un'automobile	A car
Il pezzo	The piece
La radio	The radio
L'aeroplano	The airplane
La fotocamera	The camera
La batteria	The battery
Lo zaino	The backpack
Le forbici	The scissors
La carta	The card
La nave	The ship
Il piede	The foot
Voglio molte cose	I want many things
È una cosa vecchia	It is an old thing
Ho delle macchine	I have cars
La moneta è grande	The coin is big
Il mio cellulare	My cellphone

TEMPO DI ALLENAMENTO

Una chiave	A key
I soldi	The money
La rivista	The magazine
Il giornale	The newspaper
La campana	The bell
La tazza	The cup
Le teste	The heads
Il ponte	The bridge
L'oro	The gold
La catena	The chain
La carta	The paper
Il dollaro	The dollar
Le cose	The things
Il film	The movie
Il documento	The document
Il cellulare	The cell phone
Lo schermo	The screen
Tieni un diario?	Do you keep a diary?
Hai ancora la spazzola?	Do you still have the brush?
Ho un diario anche io	I have a diary too
Hanno un computer?	Do they have a computer?
Un pettine per le ragazze	A comb for the girls
Ho già una busta	I already have an envelope
La scatola è sulla scrivania	The box is on the desk
Abbiamo una scatola di biscotti	We have a box of cookies

TEMPO DI ALLENAMENTO

La moneta	The coin
La bandiera	The flag
Il conto	The bill
L'automobile	The automobile
La ruota	The wheel
L'arma	The weapon
La spazzola	The brush
La busta	The envelop
Il pettine	The comb
Il diario	The diary
La fotografia	The photograph
Le armi	The weapons
La foto	The picture
La foglia	The leaf
Vuole degli occhiali rossi	He wants some red glasses
Abbiamo un ventilatore nuovo per l'estate	We have a new fan for the summer
È davvero in buona forma	He is in really good shape
Ho il regalo perfetto	I have the perfect present
È un piccolo pezzo	It is a little piece
Vedo una tastiera	I see a keyboard
Oggi prendo la patente	Today, I get my license
Voglio i regali	I want the presents
Non trovo mio patente	I cannot find my license
Mio padre ha un flauto e un violino	My father has a flute and a violin
Dice sempre la stessa cosa	She always says the same thing

TEMPO DI ALLENAMENTO

Il motore	The engine
L'alcol	The alcohol
La borsetta	The handbag
La nostra bottiglia	Our bottle
Il bordo	The edge
L'oro è mio!	The gold is mine!
Scrivo su fogli bianchi	I write on sheets of whit paper
Ho una ruota e un motore	I have a wheel and an engine
Non ha mai tempo per le cose importanti	You never have time for the important things
È un foglio bianco	It is a white sheet
La macchina è senza benzina	The car is out of gas
Io voglio una batteria per la mia automobile	I want a battery for my car
Chi ha lo strumento?	Who has the instrument?
La nave è vecchia	The ship is old
L'automobile di mio cugino è nuova	My cousin's automobile is new
Abbiamo le automobile	We have the cars
I capitani parlano delle navi	The captains talk about the ships
È il mio veicolo	It is my vehicle
Io ho un codice	I have a code
Sei una macchina?	Are you a machine?
È una colonna	It is a column
Leggiamo i giornali ora	We read newspapers now
Legge sempre una rivista	He always reads a magazine
La ragazza scrive molte pagine	The girl writes many pages
Ha bisogno di una parte per il frigo	She needs a part for the fridge
La batteria	The battery

Lei ha una catena	She has a chain
Lei ha gli occhi blu	She has blue eyes
Leggiamo i giornali	We read newspapers
Cos'è l' oggetto nella ciotola?	What is the object in the bowl?
I suoi vestiti sono pezzi unici	Her clothes are unique pieces
È sempre una buona cosa	It is always a good thing
Ha un po 'di soldi	He has a little bit of money
Ha carta?	Does she have paper?
Io ho una palla	I have a ball
Ho delle macchine	I have cars
Julio spalma il burro in piedi	Julio spreads butter on his feet
La mia valigia è gialla	My suitcase is yellow
Ho il testo	I have the text
La televisione è cara	The television is expensive
L'orologio è un oggetto	The watch is an object
Beve il pomeriggio	He drinks in the afternoon
Dà i soldi agli uomini	He gives the money to the men
Il gatto dorme sopra il cane	The cat sleeps on top of the dog
Produce oggetti costosi	He produces expensive objects
Pagano un dollaro	They pay a dollar
Il cibo per cani è costoso	Dog food is expensive
Hai un cellulare?	Do you have a cellphone?
La valigia di mia sorella è grande	The suitcase of my sister is big
Hai una moneta?	Do you have a coin?

TEMPO DI ALLENAMENTO

La fotografia	The photograph
Lo schermo	The screen
L'occhio	The eye
La testa	The head
La bandiera	The flag
Le fonti	The sources
Il motore	The engine
L'arma	The weapon
La ruota	The wheel
La polvere	The powder
La macchina	The machine
I pezzi	The pieces
La scatola	The box
Le bottiglie	The bottles
Ho bisogno di batterie	I need batteries
Non mi piace quella cosa	I do not like that thing
Gli avvocati consegnano i documenti	The lawyers deliver the papers
Chi ha i documenti?	Who has the documents?
Chi altro è sulla barca?	Who else is on the boat?
Hai delle fotocamere?	Do you have cameras?
La mia barca è blu	My boat is blue
Hai un orologio?	Do you have a watch?
I giornali sono recenti	The newspapers are recent
Il documento ha molte pagine	The document has many pages
Voglio un panino al formaggio e un bicchiere d'acqua	I want a cheese sandwich, and a glass of water

TEMPO DI ALLENAMENTO

La pace	The peace
Il settore	The sector
I movimenti	The movements
La ricerca	The research
La capacità	The capacity
La necessità	The necessity
L'effetto	The effect
Il codice	The code
Io pago con una carta	I pay with a card
È una fonte di denaro	It is a source of money
Hai una penna?	Do you have a pen?
È una campana	It is a bell
Un grande oggetto	A big object
Non è un orologio	It is not a clock
Ho bisogno di riviste Inglesi	I need English magazines
Oggetti personali	Personal objects
È in dollari	It is in dollars
È il mio veicolo	It is my vehicle
Va a lavorare in autobus?	Does he go to work by bus?
Abbiamo biciclette	We have bicycles
Il colonnello ha una bomba	The colonel has a bomb
Ho delle penne	I have pens
Il monitor è grande	The monitor is big
È una bottiglia con una nota	It is a bottle with a note
La birra è per gli agricoltori	The beer is for the farmers

TEMPO DI ALLENAMENTO

Le armi	The weapons
La spina	The spine
Sei una macchina?	Are you a machine?
Lei segue le regole	She follows the rules
Lei è intelligente	She is clever
L'autore legge sui motori	The author reads about motors
È un brutto pezzo	It is a bad piece
Le ruote sono bianche	The wheels are white
Le bombe sono cattive	Bombs are bad
Ha una macchina	He has a car
Quali scarpe ti stanno bene?	Which shoes fit you well?
Lei ti legge un giornale	She reads you a newspaper
Ci vediamo dopo	I will see you later
Lui mi segue	He follows me
Ti voglio	I want you
Tu mangi una mela	You eat an apple
Queste scarpe non mi stanno bene	These shoes do not fit me
Tu mi segui	You follow me
Lui ti guarda	He looks at you
Mangiamo un'arancia	We eat an orange
Tu parli con loro	You talk to them
Sono intelligenti, no?	They are intelligent, aren't they?
Le mie scarpe sono costose	My shoes are expensive
Lei ci incolpa	She blames us
La lampada è costosa	The lamp is expensive

TEMPO DI ALLENAMENTO

MODALITÀ STORIA

INGLESE

Alex: "Today we will learn about objects, starting with the pictures on the board. From left to right, each of you will name seven of the objects on the board, and then move on to a discussion of their uses.

Filippo! Let's start with you. Please begin."

Filippo: "Apple, ball, battery, bicycle, bell, bottle, box."

Gustavo: "Calendar, camera, car, cell phone, clock, computer, mug."

Valeria: "Dollar, flag, house, keys, map, paper, pen."

Olivia: "Image, radio, scissors, boat, suitcase, train, wheel."

ITALIANO

Alex: "Oggi impareremo a conoscere gli oggetti, iniziando dalle immagini alla lavagna. Da sinistra a destra, ognuno di voi nominerà sette degli oggetti sulla scacchiera e poi passerà a una discussione sui loro usi.

Filippo! Iniziamo con te. Per favore Inizia."

Filippo: "Mela, palla, batteria, bicicletta, campana, bottiglia, scatola."

Gustavo: "Calendario, macchina fotografica, macchina, cellulare, orologio, computer, tazza."

Valeria: "Dollaro, bandiera, casa, chiavi, mappa, carta, penna."

Olivia: "Immagine, radio, forbici, barca, valigia, treno, ruota."

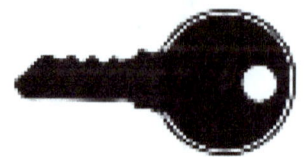

Capitolo 19

LUOGHI

Parole chiavi: Province, library, theater, pastry, palace, bridge, corner, park, supermarket, place, prison, field, station, square, street, hotel, country.

L'albergo	The hotel
Il ristorante	The restaurant
La casa	The home
La scuola	The school
La biblioteca	The library
L'aeroporto	The airport
Il monte	The mount
Il sito	The site
Il ponte	The bridge
L'angolo	The corner
Il centro	The center
Il campo	The field
La banca	The bank
La chiesa	The church
Il castello	The castle
La zona	The zone
I mercati	The markets
La piazza	The plaza
La regione	The region
Il teatro	The theatre
Il bar	The bar
Il cantiere	The yard
Il distretto	The district
L'ufficio	The office
L'edificio	The building

TEMPO DI ALLENAMENTO

La prigione	The prison
Il parco	The park
Il museo	The museum
L'isola	The island
Il giardino	The garden
Il comune	The municipality
Il viale	The avenue
La sala	The lounge
La residenza	The residence
Il caffè	The coffee
La città	The town
La strada	The road
La spiaggia	The beach
La capitale	The capital
L'aula	The courtroom
Vedo i castelli di casa mia	I see the castles from my house
Siamo nello stesso hotel?	Are we in the same hotel?
Chi entra nel giorno del bookstore?	Who enters the bookstore day?
La nostra panetteria è piccola	Our bakery is small
Gli edifici sono enormi	The buildings are enormous
Compra il pane dalla pasticceria	She buys bread from the bakery
Dov'è la libreria?	Where is the bookstore?
Quale libreria vende il suo libro?	Which bookstore sells his book?
Il nuovo edificio è enorme	The new building is enormous
Dal tetto, vediamo il castello	From the roof, we see the castle

TEMPO DI ALLENAMENTO

Mio papa ha un bar	My dad has a bar
È una città su una collina	It is a city on a hill
La famiglia lavora nei campi	The family works in the fields
Di notte, andiamo al bar all'angolo	At night, we go to the bar on the corner
Conosco bene la città	I know the city well
Lei corre in un campo	She runs in a field
La cucina è al centro della casa	The kitchen is at the center of the home
Viviamo in una regione grande	We live in a big region
Dov'è il mio posto?	Where is my place?
Vedi l'entrata del parco	Do you see the entrance to the park?
Quali posti volete?	Which places do you want?
Vado io al tuo posto	I go in your place
Sono allo stadio	They are at the stadium
Una regione intera	An entire region
Qual è il nome della comunità internazionale?	What is the name of the international community?
Il nuovo supermercato è qui	The new supermarket is here
Domani, vado al villaggio	Tomorrow, I go to the village
I teatri sono grandi	The theatres are big
Quali strade portano alla città?	Which streets lead to the city?
I paesi sono diversi	The towns are different
Vado verso una strada	I go to a street
Noi arriviamo dalla stazione	We arrive from the station
Lui lavora in un negozio	He works in a store
Ho proprietà lì	I have property there
Mi piacciono i castelli	I like castles

TEMPO DI ALLENAMENTO

Piazza	Square
La camera da letto	The bedroom
Il porto	The harbor
L'isola	The island
Il vicinato	The neighborhood
La provincia	The province
La torre	The tower
La casa	The home
La strada	The road
La biblioteca	The library
Lo stadio	The stadium
La piazza	The square
Le strade	The streets
Il teatro	The theatre
La stazione	The station
Viviamo nel quartiere sulla collina	We live in the neighborhood on the hill
Lui ha una vecchia divisa ferroviaria	He has an old train conductor uniform
Vediamo I palazzi stanotte	We see the palaces tonight
Le donne del quartiere sono belle	The neighborhood women are beautiful
Oggi, mangiamo nel palazzo	Today, we eat in the palace
La festa è nel mio quartiere	The party is in my neighborhood
Lui vive in un palazzo importante	He lives in an important palace
È la città delle chiese	It is the city of churches
Le città	The cities
Rebecca mangia nel ristorante	Rebecca eats in the restaurant
Piazza	He wants the land

TEMPO DI ALLENAMENTO

La colonia	The colony
La galleria	The gallery
Il continente	The continent
Visita l'istituzione	He visits the institution
È la mia area	It is my area
Benvenuto nel mio ristorante	Welcome to my restaurant
Benvenuti in hotel	Welcome to the hotel
Angelo cammina sulla spiaggia	Angelo walks on the beach
Ana è nel cortile	Ana is in the yard
Rebecca è in giardino	Rebecca is in the garden
Dov'è il treno per Madrid?	Where is the train to Madrid?
Ho una casa in ogni paese	I have a house in each country
Il posto sembra enorme	The place seems huge
È la sua zona	It is his zone
Sono in città	I am in the city
Le mie case non hanno tetti	My houses do not have roofs
Le città non sono buone	The cities are not good
I posti sono piccoli	The places are small
Gli edifici sono grandi	The buildings are big
Adriana suona nel parco	Adriana plays in the park
Dove si trova il museo?	Where is the museum?
È una strada importante	It is an important avenue
L'Africa non è un paese	Africa is not a country
Camminiamo nella piazza	We walk in the square
La piazza è grande e carina	The plaza is big and pretty

TEMPO DI ALLENAMENTO

La nazione	The nation
Le aree	The areas
Il terreno	The terrain
Mio zio ha una casa in Italia	My uncle has a house in Italy
La comunità parla inglese	The community speaks English
Lei va all'università	She goes to the university
Lei sa molto sulle banche	She knows a lot about banks
Abbiamo parlato di queste regioni	We talked about these regions
Siamo una grande comunità	We are a large community
Camminiamo lungo la strada	We walk by the road
Le banche sono bianche	The banks are white
È un buon ospedale	It is a good hospital
Nella costa	In the coast
È un porto importante	It is an important port
Mia sorella va all'istituto	My sister goes to the institute
È la migliore istituzione del paese	It is the best institution of the country
Queste stanze sono molto grandi	These rooms are very large
Le istituzioni contano su di noi	The institutions count on us
È un grande territorio	It is a large territory
La tua casa è un palazzo	Your house is a palace
Ho un appartamento	I have an apartment
Le città sono diverse	The towns are different
È diverso nelle isole	It is different in the islands
È un festival locale	It is a local festival
Siamo una comunità	We are a community

TEMPO DI ALLENAMENTO

MODALITÀ STORIA

INGLESE

Angelo: "I need a new place to relax after a long day, before going home. Do you have any suggestions?"

Ana: "This is not a problem in this city, there is a long list of places, some of which include the museum, art galleries, state libraries, shopping centers and many bars and restaurants. If you like nature, you can go to the national park."
Angelo: "Where is it?"

Ana: "It's near the cooking school and the airport in Zone 6. Just a few blocks west of the university gate and the hospital building."

Angelo: "I need a place closer to my house, this distance is too far for me."

Ana: "Alternatively, you can visit the castle of El Maria, in a quiet area not far from your office, there is also the Torre de Santa Maria, owned by the Santa Maria family. It also has a bar and a small, private beach."

Angelo: "How do I get there?"

Ana: "It's just around the corner from Osvaldo Avenue, the second street just after the urban development institute."

ITALIANO

Angelo: "Ho bisogno di un nuovo posto per rilassarsi dopo una lunga giornata, prima di andare a casa. Hai qualche suggerimento?"

Ana: "Questo non è un problema in questa città, c'è una lunga lista di luoghi, alcuni dei quali includono il museo, le gallerie d'arte, le biblioteche statali, i centri commerciali e molti bar e ristoranti. Se ti piace la natura, puoi andare al parco nazionale."

Angelo: "Dov'è?"

Ana: "È vicino alla scuola di cucina e all'aeroporto nella Zona 6. A pochi isolati a ovest del cancello dell'università e dell'edificio dell'ospedale."

Angelo: "Ho bisogno di un posto più vicino a casa mia, questa distanza è troppo lontana per me."

Ana: "In alternativa, puoi visitare il castello di El Maria, in una zona tranquilla non lontano dal tuo ufficio, c'è anche la Torre de Santa Maria, di proprietà della famiglia Santa Maria. Ha anche un bar e un piccolo, privato spiaggia."

Angelo: "Come ci arrivo?"

Ana: "È proprio dietro l'angolo di Osvaldo Avenue, la seconda strada subito dopo l'istituto di sviluppo urbano."

Capitolo 20

PERSONE

Parole chiavi: Adult, children, humans, people, citizen.

La gente	The people
La signora	The lady
La regina	The queen
Il cittadino	The citizen
I vicini	The neighbors
La vittima	The victim
Il prigioniero	The prisoner
L'individuo	The individual
Il collega	The colleague
Abbiamo un gruppo di amici	We have a group of friends
Cosa diamo agli adulti e ai bambini?	What do we give to the adults and to the children?
Amo il mio fidanzato	I love my fiance
Hanno la stessa età	They are the same age
I ragazzi nella mia famiglia sono alti	The children in my family are tall
La folla aspetta una risposta	The crowd waits for an answer
Noi siamo individui	We are individuals
Sei un adulto ora	You are an adult now
Il prossimo caffè è tuo	The next coffee is yours
Io non sono un ospite	I am not a guest
Lui è il mio compagno	He is my partner
I poliziotti cercano una persona pericolosa	The police officers search for a dangerous person
Il famoso matrimonio è la prossima settimana	The famous wedding is next week
Siamo il prossimo	We are the next
È infantile!	It is childish!

I sindacati sono grandi — The unions are large

TEMPO DI ALLENAMENTO

My son is only a teenager	Mio figlio è solo un adolescente
The city's population is big	La popolazione della città è grande
Who is next?	Chi è il prossimo?
I am a child	sono un bambino
She is not my fiancée!	Lei non è la mia fidanzata!
What do the people think?	Cosa pensa il popolo?
The citizens listen to his answers	I cittadini ascoltano le sue risposte
The new generations understand	Le nuove generazioni capiscono
I am not a common individual	Io non sono un individuo comune
She has a strong personality	Lei ha una personalità forte
Good evening ladies and gentlemen	Buonasera signore e signori
His father meets the bride	Suo padre incontra la sposa
We are not colleagues	Non siamo colleghi
We are not citizens	Non siamo cittadini
I have a special relationship with my aunt	Ho un rapporto speciale con mia zia
She is our neighbour	Lei è la nostra vicina
A woman is not always a lady	Una donna non è sempre una signora
Your wife is Italian	Tua moglie è Italiana
What is a revolution?	Cos'è una rivoluzione?
I have a girlfriend	Ho una ragazza
She is a person	Lei è una persona

It is my culture — È la mia cultura
We are good people — Siamo brave persone
He goes to the union — Lui va al sindacato
Humanity is unique — L'umanità è unica

TEMPO DI ALLENAMENTO

Gli agricoltori — The farmers
I cittadini — The citizens
I miei compagni — My mates
I ragazzi si allenano allo stadio — The boys train at the stadium
Lei non ha nemici — She does not have enemies

Il bambino beve succo d'uva — The child drinks grape juice
Chi sono gli adolescenti? — Who are the teenagers?
La signora è responsabile — The lady is responsible
Lei è una donna di caraterre forte — She is a woman of character
Il pubblico ascolta — The audience hears
Tua sorella è la mia sposa — Your sister is my bride
Gli umani mangiano carne — The humans eat meat
La folla ascolta il re — The crowd listens to the king

Hai buone abitudini — You have good customs

Quando è il matrimonio? — When is the wedding?
Cos'è un cittadino? — What is a citizen?
Anche gli ospiti lavorano — The guests also work

Gilberto è una persona — Gilberto is a person
Le persone guardano — The people look

Non hai cultura	You have no culture
Sono brave persone	They are good people
Il cane è il migliore amico dell'uomo	The dog is man's best friend
Siamo una coppia?	Are we a couple?
Non dimostra la sua età	He goes not know his age
Che bella abitudine	What a beautiful habit

TEMPO DI ALLENAMENTO

Pensano solo alla libertà	They only think about freedom
Il gruppo visita l'ospedale	The group visits the hospital
Sono i vicini nuovi	They are the new neighbours
La rivoluzione inizia adesso!	The revolution starts now!
Lui è il mio collega al lavoro	He is my colleague at work
Lui è uno dei miei vicini	He is one of my neighbours
Siamo laboriosi	We are hardworking
Il gatto è un animale simpático	The cat is a nice animal
Mio zio scrive sul turismo	My uncle writes about tourism
L'uomo più anziano è importante	The older man is important
No, non è il mio ragazzo	No, he is not my boyfriend
Lei è una persona molto interessante	She is a very interesting person
Alla popolazione generale	To the general population
Lui è il mio compagno di stanza	He is my roommate

Sono piccoli adulti	They are small adults
Sei una vittima?	Are you a victim?
È un individuo	It is an individual
Sei già un adulto	You are already adults
Lei guarda le ragazze	She watches the girls
È cattivo per l'umanità	It is bad for humanity
Nemmeno io	Nor i
Hai nemici?	Do you have enemies?
Studiano il turismo	They study tourism
Sono ufficiali	They are officers
Ho un nemico	I have an enemy

TEMPO DI ALLENAMENTO

Abbiamo un'associazione	We have an association
Inoltre, non abbiamo testimoni	Besides, we do not have witnesses
Lui è sempre un gentiluomo	He is always a gentleman
I miei cugini vanno in fiera	My cousins go to the fair
Non voglio vino ma voglio l'acqua	I do not want wine but I want water
Sono un testimone oculare	I am an eyewitness
Perché e i giovani non studiano?	Why doesn't the youth study?
Non è un buon matrimonio	It is not a good marriage
Non pago per i miei amici	I do not pay for my friends
Noi siamo le vittime qui	We are the victims here
Il mio compagno lo consente	My partner allows it
Il dottore riceverà i risultati domani	The doctor is going to receive the results tomorrow

L'insegnante ci legge un libro	The teacher reads us a book
Tratta bene i suoi dipendenti	He treats his employees well
Abbiamo tre posti diversi	We have three different places
Mio padre la ama molto	My father loves her a lot
Una società civile è molto importante	A civil society is very important

TEMPO DI ALLENAMENTO

MODALITÀ STORIA

INGLESE

Reporter: "There are so many people at this year's carnival, I've already seen my neighbor and a colleague with their national flags, let me go to the farmer's section and talk to some of the people there."

"Hi guys, and welcome to the 24th annual Green Carnival, how are you guys today?"

Tourist 1: "We are doing quite well, we are enjoying the fair."

Reporter: "Good to know, can I ask you about your costumes? What's the theme?"

Tourist 1: "We are citizens of Portugal, a country with a population of eleven million people and we have a unique culture. In response to your second question, our theme for this year is 'Tourism for humanity'."

Tourist 2: "We both witnessed the destructive power of hurricanes in person, and so we decided to help create awareness and also travel in search of donations for their victims."

ITALIANO

Reporter: "Ci sono così tante persone al carnevale di quest'anno, ho già visto il mio vicino e un collega con le loro bandiere nazionali, lasciami andare nella sezione del contadino e parlare con alcune delle persone lì."

"Salve ragazzi, e benvenuti al 24° Carnevale verde annuale, come state ragazzi oggi?"

Tourist 1: "Stiamo andando abbastanza bene, stiamo godendo la fiera."

Reporter: "Buono a sapersi, posso chiederti dei tuoi costumi? Qual è il tema?"

Tourist 1: "Siamo cittadini del Portogallo, un paese con una popolazione di undici milioni di persone e abbiamo una cultura unica. In risposta alla tua seconda domanda, il nostro tema per quest'anno è" Turismo per l'umanità."

Tourist 2: "Entrambi abbiamo assistito al potere distruttivo degli uragani di persona, e così abbiamo deciso di aiutare a creare consapevolezza e anche a viaggiare in cerca di donazioni per le loro vittime."

Capitolo 21

NUMERI

Parole chiavi: Number, one, two, three, four, five, six, seven, eight, nine, ten, eleven, twelve, thirteen, fourteen, fifteen, twenty, sixty, seventy, thousand, million.

Uno	One
Due	Two
Tre	Three
Quattro	Four
Cinque	Five
Sei	Six
Sette	Seven
Otto	Eight
Nove	Nine
Dieci	Ten
Undici	Eleven
Dodici	Twelve
Tredici	Thirteen
Quattordici	Fourteen
Quindici	Fifteen
Due e quattro sono sei	Two and four are six
Due e sei sono otto	Two and six are eight
Cinque donne	Five women
Vedono sei elefanti	They see six elephants
Quattro mele	Four apples
Pagina cinque	Page five
Abbiamo otto pagine	We have eight pages
Ho quattro dollari	I have four dollars
Cinque mele	Five apples
Ho due sorelle	I have two sisters

TEMPO DI ALLENAMENTO

Venti	Twenty
Trenta	Thirty
Quaranta	Fourty
Chi è il numero uno?	Who is number one?
Tre è un numero primo	Three is a prime number
Sua zia ha tre gate	His aunt has three cats
Lei è la mia terza fidanzata	She is my third girlfriend
Aspetto un secondo	I wait a second
Lui è il suo primo figlio	He is her first child
La stazione è a due metri da qui	The station is two metres from here
Non vuoi una seconda ciotola di riso	You do not want a second bowl of rice
La sua prima maglietta rosa	His first pink shirt
È il sesto di sette figli	He is the sixth of seven children
La ricetta è per sei persone	The recipe is for six people
Lui viene qui alle sei e non prima	He comes here at six and not before
Il quarto piatto di pasta è per lui	The fourth plate of pasta is for him
Cosa mangiano i quattro fidanzati?	What do the four boyfriends eat?
Grazie mille!	Thanks a lot!
Cinquanta o quaranta?	Fifty or forty?
Io ho diciotto cavalli	I have eighteen horses
Da zero a dieci	From zero to ten
È il nono ragazzo in famiglia	He is the ninth boy in the family
Mio figlio ha dieci anni	My son is ten years old
Siamo undici persone	We are eleven people
Ha dodici figli	He has twelve sons

TEMPO DI ALLENAMENTO

Metà	Half
Metri	Meters
Io ho un po 'di soldi	I have some money
È l'otto nipote	He is the eight grandchild
Ho tredici gatti	I have thirteen cats
Quattordici cugini	Fourteen cousins
Ho quindici anni	I am fifteen years old
Le prossime dodici ore	The next twelve hours
Perché non vieni al suo sesto compleanno?	Why don't you come to his sixth birthday
C'è un tavolo per cinque persone	Is there a table for five people?
Noi siamo otto in totale	We are eight in total
Arriviamo al decimo posto	We arrive in tenth place
Dieci minuti	Ten minutes
Il numero è alto	The number is high
Ha appena diciasette anni	He is barely seventeen years old
Io studio dale otto da undice	I study from eight to eleven
Preparo il tè verso le tre del pomeriggio	I make tea around three in the afternoon
A dodici anni, un cane è vecchio	At twelve years, a dog is old
Ho quattordici camicie bianche	I have fourteen white shirts
Vado a letto alle undici	I go to bed at eleven
Abbiamo venti cavalli	We have twenty horses
Mangiano delle mele	They eat some apples
La metà delle sei è tre	Half of six is three
Sono le dieci e trenta	It is ten thirty
Il quinto ponta va al museo	The fifth bridge goes to the museum

TEMPO DI ALLENAMENTO

Millon	Millón
Quattro uomini	Four men
Un paio di scarpe	A pair of shoes
Settantuno carote	Seventy-one carrots
È un milione di dollari	It is a million dollars
Mia zia ha circa quarant'anni	My aunt is about forty years old
Sono degli anni ottanta	I am from the eighties
Leggo per novanta minuti	I read for ninety minutes
La torta rimane in forno per sessanta minuti	The cake remains in the oven for sixty minutes
Un metro	A metre
Il terzo	The third
Oggi è il terzo giorno	Today is the third day
È la tua metà	It is your half
Al momento, è l'ottavo	At the moment, he is eighth
Aspettiamo da circa sessant'anni	We have been waiting for around sixty years
Ho quasi settant'anni	I am almost seventy years old
I settanta uomini mangiano il pollo	The seventy men eat the chicken
Lui ricorda gli anni settanta	He remembers the seventies
La prossima settimana è la mia ultima settimana	The next week is my last week
Non ho alcuna risposta	I do not have any answers
Il museo apre alle nove	The museum opens at nine
Chiedono almeno un milione	They ask at least one million
Cinque metri	Five meters

TEMPO DI ALLENAMENTO

Cento di loro stanno benissimo	One hundred of them are very well
Cinque insegnanti	Five teachers
Hai mille amici	You have a thousand friends
Lui ha il doppio della mia età	He is twice my age
Ci sono molte persone qui	There are many people here
Di quanto sei più grande di lui?	How much bigger than him are you?
La macchina di mio zio è più piccola	My uncle's car is smaller
Dieci meno quattro fa sei	Ten minus four equals six
Lui ha meno di cinque fratelli	He has less than five brothers
Abbiamo abbastanza tempo	We have enough time
Lei compra pochi vestiti	She buys few dresses
Perché muore tanta gente?	Why so do many people die?
Mangiamo metà del pane	We eat half of the bread
Mangia tonnellate di pesce	He eats tons of fish
Il suo paio di scarpe è blu	His pair of shoes is blue
Mangio la cena alle nove	I eat dinner at nine
Ora ha diciotto anni	Now she is eighteen years old
Hai qualcosa di più grande?	Do you have anything bigger?
Il settimo giorno della settimana è sabato	The seventh day of the week is Saturday

La quinta domenica del mese	The fifth Sunday of the month
Cinque macchine bianche	Five white cars
Il cuoco ha quaranta chilogrammi di carne	The cook has forty kilograms of meat
Lei va al supermercato per la nona volta	She goes to the supermarket for the ninth time
Siamo nella stessa città trent'anni dopo	We are in the same city thirty years later
Venti famiglie vivono qui	Twenty families live here
Cento di loro stanno benissimo	Thirty-six oranges from Asia
Cinque insegnanti	Maria has fourty four penguins
Hai mille amici	Thirty-five people from Italy
Lui ha il doppio della mia età	Marco has fourty three animals
Ci sono molte persone qui	The man is sixty years old
Di quanto sei più grande di lui?	My girlfriend is nineteen years old
La macchina di mio zio è più piccola	This evening, he is seventh
Dieci meno quattro fa sei	I drink coffee at one in the afternoon
Lui ha meno di cinque fratelli	My son is sixteen
Abbiamo abbastanza tempo	She has two thousand books
Lei compra pochi vestiti	It is a good pair of shoes
Perché muore tanta gente?	The city has a population of two million people

TEMPO DI ALLENAMENTO

MODALITÀ STORIA

INGLESE

"Can you remember what we were learning yesterday, Patrice?" Niko said.
"If you can, half of my work will be over, if you can not, you should redouble your efforts if you want to pass the exam."
"Yes, I can," said Patrice.
"Great! let's move on."
"Two plus two is four, three plus one is four, one plus three is equal to four, eight divided by two is equal to four"
"Good, now let's focus on more of them, starting with number 6. What can you tell me about the number six?" Niko said.
"Six plus one equals seven, six plus three equals nine, six plus four equals ten, seven plus six equals thirteen, six plus six equals twelve and six plus four equals ten."
"Well done Patrice, now answer these questions, if I have fourteen followers on Snapchat and you have fifteen, what is the total sum of both followers?"
"Twenty-nine followers." Patrice answered.

ITALIANO

"Riesci a ricordare cosa stavamo imparando ieri, Patrice?" Disse Niko.

"Se puoi, metà del mio lavoro sarà finita, se non puoi, dovresti raddoppiare i tuoi sforzi se vuoi passare l'esame."

"Sì, posso." disse Patrice.

"Bene! andiamo avanti."

"Due più due è quattro, tre più uno è quattro, uno più tre è uguale a quattro, otto diviso per due è uguale a quattro."

"Bene, ora concentriamoci su più di loro, a partire dal numero 6. Cosa puoi dirmi del numero sei?" Disse Niko.

"Sei più uno è uguale a sette, sei più tre è uguale a nove, sei più quattro è uguale a dieci, sette più sei è uguale a tredici, sei più sei è uguale a dodici e sei più quattro è uguale a dieci."

"Ben fatto Patrice, ora rispondi a queste domande, se ho quattordici follower su Snapchat e ne hai quindici, qual è la somma totale di entrambi i follower?"

"Ventinove seguaci." rispose Patrice.

10 20 30 40 50 60 70 80 90 100

FINE DEL LIBRO UNO

Per l'esperienza completa, controlla gli altri libri della serie.

#THESIMPLESTWAYTOLEARNITALIAN

Per gli aggiornamenti sul prossimo libro, o se vuoi discuterne, siamo disponibili su Twitter @BadCreativ3 e su Facebook
www.facebook.com/BadCreativ3

ALTRI LIBRI DI BADCREATIVE

La Manière Simple Apprendre L'Anglais
La Manera Simple De Aprender Inglés
The Simple Way To Learn Portoguese

Grazie per l'acquisto e non dimenticate di inviarci una recensione sulla nostra pagina Amazon.

www.ingramcontent.com/pod-product-compliance
Lightning Source LLC
Chambersburg PA
CBHW062038120526
44592CB00035B/1306